HERBST IN DER KÜCHE

Oskar Marti
Ein Poet am Herd

HERBST IN DER KÜCHE

Illustriert
von Flavia Travaglini

AT Verlag

Hauptspeisen und kleine Gerichte, die mit einem * versehen
sind, eignen sich auch für Vegetarier.

Die Originalausgabe diese Buches ist 1994
im Hallwag Verlag, Bern, erschienen.

© 2003
AT Verlag, Aarau und München

Lektorat: Eva Meyer, Christine Mörl
Gestaltung: Robert Buchmüller
Satz: Utesch GmbH, Hamburg
Fotolithos: Hallwag AG, Bern
Druck und Bindung: Kösel, Kempten

ISBN 3-85502-880-X

www.at-verlag.ch

Inhalt

7 Zum Geleit

September

10 Die feinste Art, eine Zwetschge zu sein
14 Pilze – die geheimnisvolle Delikatesse aus Wald und Feld
23 Geburtstagsdiner für die Jungfrau
27 Ernten, ohne zu säen – Wildfrüchte
53 Das verschwenderische Herbstmenü
57 Kürbis, das Gemüse der reichen armen Leute

Oktober

64 Kirchweih
69 Geburtstagsdiner für die Waage
74 Wilde Zeiten
90 Frisch vom Baum: Äpfel und Birnen
94 Die Quitte
100 Des Winzers Stolz: die Weintraube
104 Wenn die Eichhörnchen ihre Vorräte teilen würden...
110 Die Edelkastanie

November

120 Die Feige, das königliche Geschenk
124 Kaffee einmal anders!
126 Die Pastinake
131 Geburtstagsdiner für den Skorpion
135 Stachys
138 Die Zwiebel hat sieben Häute und beißt alle Leute
141 11. November – Martinstag
143 Die Kardy
145 Schlachtfest – «Metzgete»
148 Hülsenfrüchte, die Vollwertigen
154 Gemüse – süß und verführerisch

157 Tips zum Sammeln und Aufbewahren von Wildpflanzen
158 Erntetabellen für Wildpflanzen
161 Rezeptverzeichnis nach Speisenfolge
165 Alphabetisches Rezeptverzeichnis

Zum Geleit

Im Obstgarten stützen Stangen die ächzenden Äste,
die Wespen nagen an den reifenden Früchten.

Die Fässer werden spundvoll gefüllt mit Most von
Äpfeln und Birnen. Die letzten Trauben liest man mit
frierenden Händen. Vom Baum schlägt man die Nüsse,
und im Wald locken Pfifferlinge und Reizker.

Karren um Karren kommt das Kraut in den Keller,
die Kartoffeln und Rüben. Auf den Feldern brennen die
Herbstfeuer, in ihrer Glut schmort man Äpfel.
Den Weidmann zieht's in den Wald.
Das Jahr wird mild und voll und versorgt uns
gegen den feindlichen Winter.

Das ist der Herbst! Ihn einzufangen und seinen
Reichtum an Gaben, Düften und Stimmungen
wiederzugeben schafft nur ein Koch, der auch Künstler
ist, oder ein Künstler, der auch Koch ist – eben ein Poet
am Herd.

Oskar, ich gratuliere Dir zu diesem Buch.

ANTON MOSIMANN

SEPTEMBER

GEDANKEN

Glasklar ist der Himmel,
darunter ein leichter Schleier, der sich über die Wiesen und Felder legt.
Zwischen zwei Maispflanzen hat die Spinne ihr Netz ausgelegt. Welch ein
Kunstwerk, wenn sich die kleinen Wasserperlen in der Sonne widerspiegeln!
Für jedes Insekt ist Vorsicht geboten, damit es sich nicht in diesem feinen
Maschenwerk verirrt.
Glasklar ist der Himmel,
darunter ein leichter Schleier, der sich über die Wiesen und Felder legt.
Auf den Telegraphendrähten sammeln sich zwitschernd die Zugvögel. Wie
ein Feuer verbreitet sich die Kunde: «Der Herbst ist im Anzug!»
Der Sommer ist vorbei, die Jungvögel sind erwachsen, die große Reise wird
geplant und verkündet. Aufbruch!
Glasklar ist der Himmel,
darunter ein leichter Schleier, der sich über die Wiesen und Felder legt.
Die Temperaturen sind gefallen. In der Natur stellt sich ein leichtes
Verfärben ein.
In jedem Gedeihen ist das Sterben enthalten und in jedem Blühen ein
Welken – das ist der Lauf der Zeit.
Die Schöpfung – ein leises Kommen, ein wehmütiges Gehen…

DIE FEINSTE ART, EINE ZWETSCHGE ZU SEIN

Zwetschgen sind preiswert und vielseitig verwendbar. Es gibt kleinfruchtige Sorten, zum Beispiel Hauszwetschgen, Lützelacher und Fruchtzwetschgen. Mittelgroße Sorten, zum Beispiel Bühler Frühzwetschgen, eignen sich sehr gut zum Rohessen. Die großfruchtigen Fellenbergzwetschgen sind wie die kleinfruchtigen Sorten für jede Zubereitungsart geeignet.
Zwetschgen sind reich an Vitaminen und Mineralien. Ihr Zuckergehalt entspricht ungefähr jenem von Trauben, reifen Äpfeln oder Birnen.
100 g reife Zwetschgen haben etwa 55 Kalorien.
Essigzwetschgen sind eine feine Beilage zu Wild, Siedfleisch oder Käse. In Rotwein eingelegte Zwetschgen munden köstlich als Süßspeise, zu gekochtem Fleisch oder als Zwischengang.

ZWETSCHGENKALTSCHALE MIT SÜSSEM EIERSTICH

FÜR 6 PERSONEN
500 g reife, entsteinte Zwetschgen
6 dl fruchtiger Rotwein
2½ EL Zucker
1 Nelke
½ Zimtstange
1 Orange und 1 Zitrone (abgeschälte Schale und Saft)
1 Schuß Zwetschgenwasser

EIERSTICH
1 Vanilleschote, Mark ausgelöst
3 Eier
1 dl Sahne
1 EL Zucker
Butter für die Form

Die Zwetschgen mit den übrigen Zutaten in einem Topf zum Kochen bringen, dann während 15 Minuten leicht köcheln. Gewürze und Fruchtschalen entfernen und die Zwetschgen mit der Flüssigkeit im Mixer fein pürieren. Im Kühlschrank erkalten lassen.

Für den Eierstich Vanillemark, Eier, Sahne und Zucker gut miteinander verquirlen. Eine flache, rechteckige Form mit Butter ausstreichen und die Masse einfüllen. Mit einer gebutterten Alufolie abdecken. In einen Bräter 2 cm hoch heißes Wasser einfüllen und die Form hineinstellen. Die Eimasse im vorgeheizten Backofen etwa 40 Minuten bei 200 Grad stocken lassen. Abkühlen und aus der Form stürzen. Den Eierstich in Rauten schneiden und in die kalte Zwetschgensuppe gleiten lassen.

Mutters Zwetschgenknödel*

Die am Vortag gekochten Pellkartoffeln schälen, dann reiben oder durch den Fleischwolf drehen. Mit Kartoffelmehl, Grieß, Ei, einer Prise Salz und etwas Muskat zu einem Teig verkneten. Auf einem Holzbrett aus dem Kartoffelteig eine dicke Rolle formen und in gleichmäßige Scheiben schneiden. Die Zwetschgen waschen, halb einschneiden und den Stein entfernen. In jede Zwetschge ein Stück Würfelzucker geben und die Zwetschgenhälften zudrücken. Einzeln auf die Teigscheiben setzen. Nicht zu große Knödel formen und diese in leise siedendem Salzwasser etwa 10 Minuten ziehen lassen. Butter schmelzen, die Semmelbrösel kurz darin rösten und über die abgetropften Zwetschgenknödel streuen. Die Knödel heiß, mit Zucker und Zimt bestreut, servieren.

Für 4 Personen
1 kg Pellkartoffeln
75 g Kartoffelmehl
75 g Grieß
1 Ei
1 TL Salz
etwas abgeriebene Muskatnuß
500 g Zwetschgen
Würfelzucker
50 g Butter
Semmelbrösel
Zucker
Zimt

Grossmutters Zwetschgentorte

Butter und Zucker schaumig rühren. Das mit Kartoffelstärke und Backpulver vermischte Mehl sieben und einrühren. Das Eigelb dazurühren, zum Schluß den steifgeschlagenen Eischnee unterheben. Die Hälfte des Teiges in die gebutterte, mit Semmelbröseln ausgestreute Springform füllen. Im vorgeheizten Backofen bei 200 Grad etwa 10 Minuten backen. Die gewaschenen, halbierten und entsteinten Zwetschgen in Zucker wenden. Unter den restlichen Teig mischen und auf den vorgebackenen Kuchenteig geben. Noch etwa 30 Minuten backen. Den noch warmen Kuchen mit Puderzucker und Mandeln bestreuen.

Für eine Springform von 22 cm Durchmesser
200 g Butter
150 g Zucker
250 g Mehl
150 g Kartoffelstärke
4 TL Backpulver
4 Eier, getrennt
Butter und Semmelbrösel für die Form
1 kg kleinfruchtige Zwetschgen
Zucker
Puderzucker
1 EL Mandeln, gehackt und geröstet

Zwetschgen in Rotwein

750 g Zwetschgen
6 dl Wasser
4 dl kräftiger Rotwein
700 g Zucker
½ Zimtstange
2 Gewürznelken
1 Stück Zitronenschale

Die Zwetschgen kurz in kochendes Wasser geben. Mit einer Schaumkelle herausnehmen, in kaltem Wasser abschrecken und schälen. Die Schalen mit dem Wasser und allen übrigen Zutaten aufkochen und 10 Minuten zugedeckt ziehen lassen. Die geschälten Zwetschgen in Gläser füllen. Den kochenden Rotweinsud abseihen und über die Zwetschgen gießen. Die Gläser sofort verschließen und 25 Minuten bei 90 Grad im Wasserbad pasteurisieren. Herausnehmen, auf den Deckel stellen und auskühlen lassen.

Essigzwetschgen

Für ein Gefäss von etwa 5 l Inhalt
3 kg Zwetschgen
1,8 kg brauner Zucker
6½ dl Rotwein
1½ dl Rotweinessig
6 Gewürznelken
½ Zimtstange
1 Vanillestange, der Länge nach halbiert

Die Zwetschgen nicht waschen, sondern nur mit einem Tuch abreiben, dann mit einer Stecknadel rundherum mehrmals einstechen und in einen großen Steinguttopf oder ein ähnliches Gefäß schichten. Alle übrigen Zutaten aufkochen und 15 Minuten einkochen. Den Sud heiß über die Früchte gießen.

Nach 24 Stunden Sirup und Zwetschgen langsam aufkochen, bis die Früchte leicht aufplatzen. Die Zwetschgen in Gläser einfüllen, den Sirup nochmals aufkochen und 10 bis 15 Minuten einkochen. Heiß über die Früchte gießen. Die Gläser verschließen und erkalten lassen. Kühl aufbewahren.

Tip: Essigzwetschgen sind eine Delikatesse zu Wild, Terrinen, gekochtem Rindfleisch oder zu Käse.

Zwetschgenkonfitüre mit Nüssen

1 kg Zwetschgen
1 kg Gelierzucker
1 Zimtstange
150 g grobgehackte Walnüsse

Die Zwetschgen waschen, vierteln und entsteinen. In eine Schüssel geben, mit dem Zucker bestreuen und zugedeckt 1 bis 2 Stunden ziehen lassen. In einen großen Topf umfüllen und mit der Zimtstange langsam aufkochen.

Die Zwetschgen mit einer Holzkelle gut verrühren. Die Nüsse beigeben, die Konfitüre in saubere, vorgewärmte Gläser abfüllen und sofort verschließen.

Eingekochtes Zwetschgenmus

Die Zwetschgen durch die grobe Scheibe des Fleischwolfes drehen. Mit dem Zucker und den Gewürzen mischen (Sternanis und Nelken in ein Säckchen einbinden). Das Mus in einen gußeisernen Topf füllen und auf die unterste Rille des Backofens schieben. Bei voller Hitze aufkochen und bei mittlerer Hitze 1 Stunde weiterkochen lassen. Zwischendurch das Mus vom Rand lösen. Die Garzeit ist beendet, wenn man auf der Oberfläche mit einem Löffel Streifen ziehen kann. Das Gewürzsäckchen entfernen und das Mus heiß in saubere, vorgewärmte Gläser füllen und sofort gut verschließen.

Tip: Zwetschgenmus schmeckt herrlich zu warmem oder kaltem Schweinebraten, zu Ente, Gans und Wild.

3 kg halbierte, entsteinte Zwetschgen
700 g Zucker
2 Anissterne
5 Nelken
1½ TL Ingwerpulver

PILZE – DIE GEHEIMNISVOLLE DELIKATESSE AUS WALD UND FELD

DAS SAMMELN VON PILZEN

Die Pilzsaison richtet sich nicht nach dem Kalender, vielmehr müssen verschiedene Faktoren wie Feuchtigkeit, Temperatur und Bodenbeschaffenheit stimmen. Passen alle Werte zusammen, kann es Ihnen als Pilzsammler passieren, daß Sie mit einer reichen Ernte beschenkt werden. (Achtung, es gibt in einigen Regionen Pilzsammelverbote und -gebote!) Sammeln Sie nur solche Pilze, die Sie mit absoluter Sicherheit bestimmen können. Lassen Sie alle Pilze bei einer Pilzkontrollstelle prüfen. Wenn Sie Ihre Grundkenntnisse über Pilze erweitern möchten, brauchen Sie unbedingt eine sachkundige Person und ein gutes Pilzbuch. Vielerorts werden Pilzführungen angeboten.

Sammeln Sie frische, junge Pilze. Das Putzen und Zubereiten beginnt schon im Wald beim Sammeln. Ein rücksichtsvoller Pilzsammler streift mit einem Korb durch die Gegend und schneidet oder dreht die Pilze vorsichtig ab. Dabei bleibt das unterirdische Pilzgeflecht (Mycel) mit Sicherheit unverletzt. Zu Hause müssen die Pilze rasch verarbeitet werden.

DAS ZUBEREITEN DER PILZE

Pilze sollten nie gekocht, sondern kurz gedünstet, gebraten, gebacken oder gegrillt werden, damit sich das Aroma voll entfaltet und nicht verwässert wird. Pilze sollten immer entsprechend ihrer Form blättrig geschnitten werden.

Da Pilze sehr schnell heranwachsen, sind sie von Verschmutzung weniger betroffen. Man sollte die Hüte nur kurz unter fließendem Wasser abbrausen, nicht waschen, um die Aromastoffe zu erhalten. Den Schmutz an den Stielen schabt man am besten schon im Wald ab. Pilze sollten immer frisch, am Tag der Ernte, verzehrt werden. Falls Sie aber einmal zu viele Pilze gesammelt haben, breiten Sie sie sauber geputzt, aber ungewaschen auf einem flachen, mit einem leicht benetzten Küchentuch belegten Blech aus und bedecken Sie sie mit einem zweiten feuchten Tuch. So vorbereitet können die Pilze im Kühlschrank 2 Tage aufbewahrt werden.

Zu beachten: Fertige Pilzgerichte sollten in der Regel nicht mehr aufgewärmt werden. Höchstens wenn sie nach der Zubereitung sofort abgekühlt und im Kühlschrank aufbewahrt wurden, kann man sie nach einigen Stunden kurz aufwärmen und anschließend sofort essen. Pilzgerichte mit Eiern müssen sofort verzehrt und dürfen nicht aufbewahrt werden.

PILZE EINFRIEREN

Am besten eignen sich die edlen Sorten wie Maronenröhrlinge, Steinpilze, Rotkappen und Champignons. Bei großen Exemplaren sollte man den Stiel vom Hut trennen. Die Hüte ohne Lamellen sowie die Stiele werden in dicke Scheiben geschnitten. Kleine Exemplare läßt man unzerteilt. Nun legt man die Pilze locker verteilt auf Bleche. Danach werden sie sofort in den Tiefkühler gebracht und auf -30 Grad eingefroren. Dieser Kälteschock bewirkt eine längere Haltbarkeit. Die weitere Lagerung erfolgt bei -20 Grad in Plastikbeuteln.

Die Pilze werden vor der Verwendung nicht aufgetaut, sondern noch gefroren gedünstet oder in die heiße Sauce gegeben.

Pfifferlinge, Hallimasch, Austernseitlinge und Rotterlinge können durch das Einfrieren bitter werden.

GETROCKNETE PILZE

Zum Trocknen von Pilzen eignen sich junge Exemplare, die noch fest im Fleisch, gesund und ohne Maden sind. Die Lamellen dürfen nicht dunkel sein und das Futter nicht fleckig.

Zum Trocknen werden die Pilze in 2 bis 3 mm dicke Scheiben geschnitten und locker auf einem Rost ausgebreitet, dann im Backofen bei 45 bis 50 Grad und leicht geöffneter Ofentüre getrocknet. Gelegentlich müssen die Pilzscheiben gewendet werden.

Die Pilze sind fertig getrocknet, wenn sie fast ihre ganze Feuchtigkeit verloren haben, aber sich noch elastisch anfühlen. Pilze aus dem Ofen nehmen und an einem trockenen Ort auskühlen lassen. In fest verschließbare Gläser oder Dosen abfüllen.

Vor Gebrauch etwa 4 Stunden in vierfacher Wassermenge einweichen und danach zubereiten. Das Einweichwasser kann ebenfalls weiterverwendet werden.

PILZPULVER

Die getrockneten Pilze eignen sich vorzüglich zum Feinmahlen. Dieses Pulver empfehle ich Ihnen zum Würzen von Teigwaren-, Reis- und Gemüsegerichten. Besonders delikat schmecken selbstgemachte Nudeln, zu deren Herstellung man mit Pilzpulver vermischtes Mehl verwendet.

Tip: Zur Herstellung von Pilzpulver eignen sich besonders Champignons, Maronenröhrlinge, Ritterlinge, Boviste, Steinpilze, Pfifferlinge, Totentrompeten und Rehpilze.

Pilzcarpaccio*

Für 4 Personen
4 mittelgroße Steinpilze, sauber geputzt
16 kleine Pfifferlinge
8 Champignons
Meersalz
schwarzer Pfeffer aus der Mühle
2 EL Haselnußöl
1 Zitrone (Schale und Saft)
1 EL süß-saurer roter Holunder (siehe «Sommer in der Küche»)
1 EL feingeschnittener Schnittlauch
40 g geriebener Parmesankäse

Die Pilze in 2 mm dicke Scheiben schneiden und gefällig auf die Teller anrichten. Mit etwas Pfeffer und Meersalz bestreuen und mit Haselnußöl beträufeln. Zitronenschale darüberraspeln und mit Zitronensaft marinieren. Zuletzt die roten Holunderbeeren darüberstreuen und mit Schnittlauch und Parmesan abschmecken.

Pilztartar

Als Vorspeise für 4 Personen
50 g Butter
6 Schalotten
1 Knoblauchzehe
200 g Pfifferlinge
400 g Steinpilze
40 g Portwein
40 g Madeira
20 g Cognac
4 EL dunkler, kräftiger Kalbsfond
50 g schaumiggeschlagene Butter
Salz und Pfeffer
30 g feingeschnittener Schnittlauch
1 TL Bärlauchpaste (siehe «Frühling in der Küche»)
12 Scheiben Pumpernickel

Butter in der Pfanne zergehen lassen und die feingehackten Schalotten während 5 Minuten glasig dünsten. Die fein zerstoßene Knoblauchzehe und die grob zerteilten Pilze beigeben und kurz andünsten, so daß die Pilze innen noch leicht roh sind. Alles in ein Sieb schütten, die Flüssigkeit in einen Topf geben. Portwein, Madeira, Cognac und Kalbsfond dazugeben und zu einer dickflüssigen Sauce einkochen. In der Zwischenzeit die abgetropften Pilze grob hacken. Die abgekühlte Sauce unter die schaumiggeschlagene Butter rühren. Pilze, Bärlauchpaste, Schnittlauch, Salz und Pfeffer daruntermischen. Das Pilztartar auf die Pumpernickelscheiben streichen und kühl servieren.

Blinis mit Pilzragout*

Weizen- und Buchweizenmehl in einer tiefen Schüssel gut vermengen. 1 dl Milch auf 38 Grad erwärmen, den Zucker und die Hefe darin glattrühren und 2 EL des Mehlgemischs darunterrühren. Diesen Vorteig zugedeckt 30 Minuten gehen lassen. Die übrige Milch mit Salz und Eigelb in das restliche Mehl rühren und alles zu einem glatten Teig verarbeiten. Zugedeckt 20 Minuten stehenlassen. Den Vorteig daruntermischen und nochmals 10 Minuten stehenlassen. Wenig Butter in einer Bratpfanne erhitzen, mit einem großen Löffel portionsweise Teig in die Pfanne geben und beidseitig backen.

In einer zweiten Pfanne 50 g Butter zerlassen und die gehackten Schalotten 5 Minuten dünsten. Die Pilze dazugeben, kurz schwenken, mit Bärlauchpaste, Salz und Pfeffer würzen und mit Petersilie bestreuen.

Je 1 Blini auf die Teller legen, das Pilzragout darauf anrichten und mit einem zweiten Blini abdecken. Mit je 1 EL Sauerrahm und einem Basilikumblättchen ausgarnieren.

Für 4 Personen als Vorspeise

Blinis
je 100 g Weizen- und Buchweizenmehl
3 dl Milch
10 g Hefe
1 Prise Zucker
1 Eigelb
Salz
Butter zum Ausbacken

Pilzragout
50 g Butter
2 gehackte Schalotten
1 EL Bärlauchpaste (siehe «Frühling in der Küche»)
280 g Pfifferlinge, Steinpilze, Herbsttrompeten, Champignons, fein geschnitten
Salz
Pfeffer aus der Mühle
1 EL gehackte Petersilie
1 dl Sauerrahm
Basilikumblättchen zum Ausgarnieren

Pilzsuppe mit Waldkräutern

Für 4 Personen
400 g gemischte Waldpilze (Steinpilze, Pfifferlinge, Champignons, Blutreizker), sauber geputzt
30 g Butter
6 Schalotten, fein gehackt
½ EL Bärlauchpaste (siehe «Frühling in der Küche»)
1½ weiße Semmeln
7 dl Gemüsebrühe
Salz
Pfeffer
1½ dl Sahne
1 EL Sauerampfer, fein geschnitten
1 kleine Handvoll Sauerklee
1 EL gehackte Petersilie

Die Semmeln in kleine Würfel schneiden und mit Gemüsebrühe, Salz und Pfeffer aufkochen. Zugedeckt kurz ziehen lassen, dann im Mixer fein pürieren.

In einem niedrigen Topf die Butter zergehen lassen. Die Schalotten 10 Minuten darin dünsten, die in Scheiben geschnittenen Pilze dazugeben und 5 Minuten weiterdünsten. Die Bärlauchpaste beifügen. Die Semmelbrühe und die Sahne dazugießen und aufkochen lassen. Vor dem Servieren die frischen Kräuter darüberstreuen.

Geschmorte Steinpilze

Die Butter in einem weiten Topf zergehen lassen. Schalotten und Knoblauch während 5 Minuten darin dünsten. Die Pilze dazugeben und bei nicht zu großer Hitze schmoren, bis sie zusammengefallen sind. Mit Salz, Pfeffer, Zitronensaft und Petersilie würzen, gut durchrühren und noch heiß in Gläser abfüllen. Sofort verschließen und 30 Minuten im 98 Grad heißen Wasserbad pasteurisieren.

Tip: Diese Zubereitungsart können Sie auch für Pfifferlinge, Champignons, Röhrlinge, Austernseitlinge, Hallimasch oder für gemischte Pilze anwenden. Geschmorte Pilze eignen sich besonders gut für Risotto, Teigwarengerichte, Suppen, Saucen und Terrinen.

100g Butter
1kg sauber geputzte Steinpilze, in 1cm große Würfel geschnitten
3 gehackte Schalotten
1 feingehackte Knoblauchzehe
2 EL feingehackte Petersilie
Salz, Pfeffer
1 EL Zitronensaft

In Essig eingelegte Pilze

500 g junge Pilze
170 g Schalotten und
3 Knoblauchzehen, in
Scheiben geschnitten
8 dl Weißweinessig
8 dl Wasser
6 Lorbeerblätter
1 Sträußchen Thymian
je 2 EL Pfeffer- und
Senfkörner
2 TL Salz
1 EL brauner Zucker
3 EL Olivenöl

Die sauber geputzten Pilze in einem Sieb in kochendes Salzwasser hängen, nach 8 bis 10 Minuten herausnehmen und beiseite stellen.

In der Zwischenzeit Wasser und Weinessig mit den übrigen Zutaten außer dem Olivenöl aufkochen und zugedeckt 10 Minuten ziehen lassen. Auskühlen lassen und abseihen. Die im Sieb zurückgebliebenen Gewürze, Zwiebel- und Knoblauchscheiben abwechselnd mit den Pilzen in Gläser schichten. Den Essig-Gewürz-Sud darübergießen und 4 bis 5 Tage im Kühlschrank ziehen lassen. Danach den Sud abgießen, nochmals aufkochen und wieder kalt über die Pilze geben. Den Vorgang nach weiteren 5 Tagen wiederholen.

Zum Schluß das Olivenöl dazugeben und die Gläser verschließen. Kühl lagern.

Tip: Für dieses Rezept verwenden Sie vorzugsweise kleine Steinpilze, Pfifferlinge, Hallimasch, Champignons und Flaschenboviste. Zu gekochtem Rindfleisch, Terrinen, Wurst, Käse oder Salaten paßt diese Delikatesse vorzüglich.

Pilze in Kräuteröl

1 kg Pilze (kleine
Steinpilze, Pfifferlinge
oder Champignons)
½ l Weinessig
1 Prise Salz
3 Lorbeerblätter
je 1 Zweiglein
Rosmarin und
Thymian
3 geviertelte
Knoblauchzehen
1 EL weiße
Pfefferkörner
¾ l Olivenöl

Die sauberen Pilze in einen passenden Kochtopf geben. Den Essig mit dem Salz dazugeben. 10 Minuten zugedeckt dünsten, bis die Pilze weich zu werden beginnen. Sorgfältig abgießen, abtropfen lassen und mit dem Knoblauch und den Kräutern in Töpfe oder Gläser schichten. Mit Olivenöl bedecken und die Gefäße luftdicht verschließen. Im Kühlschrank gelagert sind Pilze in Kräuteröl bis zu 6 Monaten haltbar.

BAUERNREGELN

Kommt Verena (1. September) mit dem Krüglein an,
zeigt einen nassen Herbst dies an.

***

Wie sich's Wetter an Mariä Geburt (8. September) tut verhalten,
so wird's sich weitere vier Wochen gestalten.

***

Nach Septembergewittern
wird man im Februar vor Kälte zittern.

***

Fällt im September Schnee in der Alp,
kommt der Winter nicht so bald.

***

Was der Juli verbrach,
holt der September nicht nach.

***

Viel Nebel im September über Tal und Höh'
bringen im Winter tiefen Schnee.

***

Schaffst du im Herbst nichts in Speicher und Keller,
blickst du im Winter auf leere Teller.

***

Warme Nächte bringen Herrenwein –
bei kalten Nächten wird er sauer sein.

***

Viel Eicheln im September,
viel Schnee im Dezember.

DAS HOROSKOP DER JUNGFRAU
24. August bis 23. September

Jungfrau-Geborene sind vernünftig, sie besitzen Wirkungskraft und Ordnungssinn! Doch sie können ausgesprochen langweilig und nervenaufreibend werden für ihre Umgebung, wenn die genannten Eigenschaften zu stark ausgeprägt sind. Manchmal wünschte man den Jungfrauen, sie hätten einen offeneren Geist und Sinn. Denn sie sind auch ein wenig verschämt, ja verschlossen; ihre Art, auf Distanz zu gehen, erleichtert den Kontakt mit ihnen keineswegs. Sie zeigen ihre Zuwendung erst, wenn sie sich ihrer Gefühle sicher sind.

In Gelddingen sind Jungfrauen sparsam und umsichtig. Jeder Kauf und jede Anlage wird wohl überlegt. Geizig sind sie nicht, sie können sogar sehr großzügig sein, aber ohne zu rechnen geben sie nichts aus.

Jungfrau-Geborene sind Vernunftesser. Einfache, aber wohlschmeckende Speisen, die ihnen vertraut sind, schätzen sie am meisten. Sie lieben leichte Weine. Sind Sie bei einer Jungfrau zu Gast, dann vergessen Sie nicht zu danken und sparen Sie nicht mit Komplimenten. Jungfrau-Geborene muß man immer von neuem aufrichten und beglückwünschen; so haben sie es gerne.

Geburtstagsdiner für die Jungfrau

Kürbis-Sauerampfer-Terrine
mit Hagebuttensauce

***

Maissuppe mit Pfifferlingen

***

Flunderfilets an Apfelweinsauce
mit süß-sauren Preiselbeeren

***

Kalbsrouladen mit Kräuterfüllung
auf Getreiderisotto

***

Zwetschgenparfait an
Sanddornsauce

Kürbis-Sauerampfer-Terrine mit Hagebuttensauce*

Für 12 Personen
2 kg Kürbisfleisch
300 g Zwiebeln
3 EL Haselnußöl
200 g frische Weißbrotkrumen, in Milch eingeweicht und ausgedrückt
6 Eier, verquirlt
150 g geröstete Haselnüsse, gerieben
Muskatnuß, gerieben
Salz und Pfeffer
je 30 g Estragon und Pfefferminze, fein gehackt
30 g Butter
200 g Sauerampfer
200 g Spinat

Hagebuttensauce
2 dl geschlagene Sahne
1 dl Joghurt
1 dl Hagebuttenmarmelade (siehe «Sommer in der Küche»)
Salz und Pfeffer

Kürbisfleisch und Zwiebeln in dünne Scheiben schneiden und bei schwacher Hitze im Haselnußöl dünsten, bis alles sehr weich ist. Die Mischung mit einer Gabel zerdrücken. Das eingeweichte Brot hinzufügen, die Haselnüsse, Eier, Salz, Pfeffer, Muskat, Estragon und Pfefferminze unter kräftigem Rühren dazugeben. Die Pfanne vom Feuer nehmen, da die Masse nicht zu heiß werden darf!

Sauerampfer und Spinat in der Butter dünsten, bis die Blätter zusammenfallen. Mit Salz würzen. Eine Terrinenform mit Butter gut ausstreichen und die Hälfte des Kürbispürees einfüllen. Sauerampfer und Spinat ohne Flüssigkeit darüber verteilen. Das restliche Kürbispüree hinzufügen. Die Form zugedeckt ins Wasserbad stellen und die Terrine im vorgeheizten Backofen bei 170 Grad während 80 Minuten garen, bis sie fest ist. Den Deckel abnehmen und die Terrine noch eine Weile im ausgeschalteten Backofen stehenlassen, damit noch etwas Flüssigkeit verdampfen kann. Nach dem Abkühlen über Nacht in den Kühlschrank stellen. Vor dem Servieren stürzen und in Scheiben schneiden.

Für die Sauce Schlagsahne, Joghurt und Hagebuttenmarmelade vermischen, mit Salz und Pfeffer abschmecken und separat zur Terrine servieren.

Maissuppe mit Pfifferlingen

Für 6 Personen
120 g frische, nicht zu harte Maiskörner (aus den Kolben ausgebrochen)
7 dl Gemüsefond
100 g rohe, geriebene Kartoffeln
Salz und Pfeffer
1 EL trockener Sherry
1½ dl Sahne
40 g Butterflöckchen
50 g rohe, geputzte Pfifferlinge, in feine Scheiben geschnitten oder gehobelt
1 EL gehackte Petersilie

Die Maiskörner über Nacht im Gemüsefond einweichen. Anschließend in der Einweichflüssigkeit weich kochen. Einige Körner als Einlage beiseite legen, den Rest zusammen mit den Kartoffeln sowie etwas Salz und Pfeffer noch 15 Minuten weiterkochen, dann im Mixer fein pürieren. Sherry, Sahne und die Butter beigeben, abschmecken und nochmals kurz vor das Kochen bringen. Die Maiskörner in Teller oder Tassen verteilen. Die Suppe dazugeben, mit den Pfifferlingen garnieren und mit Petersilie bestreuen.

Flunderfilets an Apfelweinsauce mit süss-sauren Preiselbeeren

Die Zwiebeln in Butter sehr weich dünsten, ohne Farbe zu geben. Mit Apfelwein ablöschen, aufkochen und im Mixer fein pürieren. Eine lange, feuerfeste Form ausbuttern. Die Zwiebelsauce hineingießen und die mit Salz, Pfeffer und Zitronensaft marinierten Flunderfilets darauflegen. Den Fischfond dazugießen, so daß die Filets knapp bedeckt sind. Zugedeckt etwa 12 Minuten auf 180 Grad im vorgeheizten Ofen garen. Die Preiselbeeren über den Fisch geben, die Kerbelbutter darüber verteilen und die Form nochmals für 3 bis 4 Minuten in den Backofen stellen. In der Form servieren.

Für 6 Personen
150 g gehackte Zwiebeln
2 EL Butter
2½ dl trockener Apfelwein
Butter für die Form
Salz und Pfeffer aus der Mühle
1½ Zitronen (Saft)
700 g Flunderfilets
2 EL kräftiger Fischfond
3 EL süß-saure Preiselbeeren (Rezept Seite 42)
2 EL schaumig-gerührte Butter mit Kerbelpaste (siehe «Frühling in der Küche»)

Kalbsrouladen mit Kräuterfüllung auf Getreiderisotto

Für 6 Personen
12 sehr dünne Kalbsschnitzel zu je 60 g
Mehl
Butter zum Anbraten
1½ dl Weißwein
2½ dl kräftiger Bratenjus
15 g Butterflocken

Füllung
130 g Semmelbrösel
4 EL Milch
1 kleine Zwiebel, fein gehackt und in Butter gedünstet
Salz, Pfeffer
je ½ TL Petersilie, Majoran, Basilikum und Kerbel
1 Eigelb

Für die Füllung die Semmelbrösel in der Milch aufquellen lassen, mit Zwiebeln, Gewürzen und Kräutern, Eigelb und etwas Salz und Pfeffer vermischen. Jedes Kalbsschnitzel mit etwa 1 EL Füllung bestreichen, aufrollen und mit 2 sich kreuzenden Zahnstochern befestigen. In Mehl wenden, in Butter rundherum anbraten, dann in eine feuerfeste Form anordnen. Den Bratensatz mit Weißwein ablöschen, den Bratenjus dazugeben, aufkochen und die Sauce über die Rouladen gießen. Zugedeckt bei niedriger Temperatur im vorgeheizten Backofen während 25 Minuten garen. Vor dem Servieren die Sauce kurz aufkochen und die Butterflocken mit dem Schneebesen einrühren. Nicht mehr kochen lassen. Die Sauce über die Rouladen geben.

Dazu servieren Sie ein Getreiderisotto (siehe «Sommer in der Küche»).

Tip: Dem Getreiderisotto können kleine Würfelchen von Wurzelgemüsen beigemengt werden, um dem Gericht mehr Farbe zu geben.

Zwetschgenparfait an Sanddornsauce

Für 8 bis 10 Personen
100 g entsteinte Dörrzwetschgen
100 g frische Zwetschgen, entsteint
50 g Rohzucker
2 EL Zwetschgenwasser
50 g Butter
125 g Magerquark
1 TL Vanillezucker
2 Blatt Gelatine
2 dl Schlagsahne
einige vollreife Zwetschgen, in Achtel geschnitten

Sanddornsauce
250 g Sanddorngelee (Rezept Seite 35)
1½ dl Joghurt nature
abgeriebene Schale von 1 Zitrone und 1 Orange

Dörrzwetschgen, frische Zwetschgen und Rohzucker zusammen mit 1 EL Zwetschgenwasser im Cutter pürieren. Die Butter schaumig schlagen, den Magerquark dazugeben und beides mit dem Zwetschgenpüree gut vermischen. Die eingeweichten und ausgepreßten Gelatineblätter mit 1 EL Zwetschgenwasser im Wasserbad auflösen. Gelatine und Vanillezucker unter die Zwetschgenmasse mischen und kurz vor dem Stocken die Schlagsahne vorsichtig unterziehen. In passende Förmchen füllen und im Kühlschrank auskühlen lassen.

Den Sanddorngelee mit Joghurt, Zitronen- und Orangenschale gut verrühren. Die Sauce als kleine Spiegel auf die Teller verteilen. Das Zwetschgenparfait aus den Förmchen stürzen und auf der Sauce anrichten. Mit frischen Zwetschgenspalten ausgarnieren.

ERNTEN, OHNE ZU SÄEN

Die Natur weckt in jedem Liebhaber der natürlichen Küche Phantasie und Erfindergeist. Mit den selbsthergestellten Produkten aus wildwachsenden, von uns gesammelten Gaben werden wir auch nie mehr in Verlegenheit geraten, wenn wir unsere lieben Freunde, Verwandten oder Kollegen mit einem persönlichen Geschenk überraschen möchten.
Ihnen allen, die sich zur Naturküche hingezogen fühlen, wünsche ich beim Wandern durch Wälder und Auen und vorbei an Hecken viel Vergnügen und eine reiche Ernte.

Die Eberesche

Sorbus aucuparia

Die Eberesche gehört zur Familie der Rosengewächse. Sie ist auch unter den Namen Vogelbeere, Aberesche, Faulesche, Kramsvogelbeere und Quitschenbaum bekannt.

Der Baum oder Strauch wird bis 10 m hoch. Die Blätter sind gefiedert, oberseits dunkelgrün und kahl, unterseits blaugrün und wollig behaart, am Rande scharf gezähnt. Die Blüten erscheinen im Mai bis Juni in vielblütigen, weißen Schirmrispen. Da sie stark nach Marzipan duften, werden sie häufig von Insekten besucht.

Die Früchte sind schöne, rote, erbsengroße Beeren, welche gerne von Vögeln gefressen werden, daher der Name Vogelbeere. Beerenreife: September bis Oktober. Die Vögel tragen auch zur Verbreitung des Baumes bei, da sie nur das weiche Fruchtfleisch verdauen, nicht aber die Samen. So erklärt es sich, daß der Strauch nicht selten an ganz unzugänglichen Standorten anzutreffen ist. Verbreitungsgebiet ist ganz Europa bis nach Asien einschließlich der nördlichen Gebiete von Island und Norwegen.

Die herb schmeckende Vogelbeere sollte erst nach dem ersten Frost gepflückt werden; dadurch geht der herbe Geschmack etwas verloren. Vielfach ist sie nur gekocht verwendbar.

Vogelbeergelee

1 kg Vogelbeeren
2 kg säuerliche Äpfel
3 Orangen (Schale)
2 Zitronen (Saft)
8 dl Wasser
1 Msp Zimt
2,1 kg Gelierzucker

Die Vogelbeeren sorgfältig entstielen und waschen. Trockentupfen und über Nacht einfrieren, um ihnen den bitteren Geschmack zu nehmen. Die Äpfel in Stücke schneiden, Stiel, Fliege und Kerne entfernen. Die Orangen dünn abschälen. Alles mit Wasser, Zitronensaft und Zimt vermischen und in einem Topf langsam zum Kochen bringen. 10 Minuten zugedeckt stehenlassen, abkühlen und durch ein feines Nesseltuch seihen. Den Saft mit dem Gelierzucker vermischen, aufkochen und 3 bis 4 Minuten köcheln. Abschäumen und heiß in vorgewärmte Gläser abfüllen. Sofort verschließen.

Vogelbeer-Birnen-Gelee

Die Vogelbeeren von den Stielen streichen und waschen. Trockentupfen und über Nacht einfrieren, damit der Bitterstoff etwas abgebaut wird.

Die Birnen vierteln, Stiele und Blüten entfernen. Birnen und aufgetaute Vogelbeeren mit Wasser, Zitronensäurepulver und Zimt 10 Minuten kochen. Zugedeckt abkühlen lassen und den Saft durch ein gebrühtes Tuch abseihen.

Saft und gleichviel Gelierzucker aufkochen und 5 Minuten durchkochen lassen. Den Gelee sofort in vorgewärmte Gläser abfüllen und verschließen.

Tip: Vogelbeer-Birnen-Gelee paßt zu Wild, zu gepökeltem Schweinefleisch, zu Kalbskopf und zu gekochtem Rindfleisch.

1 kg Vogelbeeren
2 kg Birnen
7½ dl Wasser
20 g Zitronensäurepulver
1 Zimtstange
etwa 2 kg Gelierzucker

Vogelbeer-Apfel-Sauce

Die gewaschenen und entstielten Vogelbeeren über Nacht tiefkühlen, um ihnen den bitteren Geschmack zu nehmen. Die entkernten Äpfel in grobe Stücke schneiden. Mit dem Zucker, den aufgetauten Vogelbeeren und dem Wein 10 Minuten kochen. Anschließend zugedeckt abkühlen lassen. Das Mus durch ein feines Sieb streichen. Zitronen- und Orangensaft dazugeben.

Die Zitronen- und Orangenschalenstreifen in heißem Wasser blanchieren, abschütten und unter die Sauce mischen. Mit Cayennepfeffer abschmecken.

Tip: Diese Sauce, kalt serviert, paßt ausgezeichnet zu Wildgerichten, auch zu Pfeffer.

150 g Vogelbeeren
500 g unreife Äpfel
1 dl Rotwein
300 g Zucker
1 Zitrone und
1 Orange, Saft ausgepreßt, Schale dünn abgeschält und in feine Streifen geschnitten
Cayennepfeffer

Vogelbeerplätzchen

1 kg Vogelbeeren
1½ kg Rohzucker
Saft von 2 Zitronen und 1 Orange
1 Vanillestange, Mark ausgeschabt
4 EL Kirschwasser
Puderzucker

Die Vogelbeeren waschen, entstielen und über Nacht tiefkühlen. Die wieder aufgetauten Beeren mit wenig Wasser in einem breiten Topf langsam weich kochen. Nach 50 Minuten durch ein feines Sieb streichen. Das Püree mit Zucker, Zitronen- und Orangensaft sowie Vanillemark vermischen. Unter ständigem Rühren bei schwacher Hitze zu einem dicken Brei einkochen. Den Topf vom Herd nehmen und den Brei mit dem Kirschwasser parfümieren.

Ein Backblech mit Backpapier auslegen, das Püree 3 bis 4 mm dick darauf ausstreichen und im vorgeheizten Backofen bei 40 Grad etwa 3 Stunden trocknen lassen. Mit einem scharfen Messer in Quadrate oder Rauten schneiden. Danach nochmals 2 bis 3 Tage in einem warmen, trockenen Raum trocknen lassen. Vom Papier lösen und in luftdichten Dosen aufbewahren. Vor dem Servieren in Puderzucker wenden.

Tip: Das gleiche Rezept kann für die Verarbeitung von Hagebutten oder Kartoffelrosen angewendet werden.

Als Verdauungshilfe
Vogelbeerschnaps

150 g frische, saubere Vogelbeeren
150 g Kandiszucker
30 g geröstete Kaffeebohnen
½ Zimtstange
1 Zitrone (abgeriebene Schale)
1 l Obstbranntwein (40 Vol.-%)

Die Beeren in einer gußeisernen Pfanne bei schwacher Hitze im Ofen leicht rösten. Abkühlen lassen. Mit allen übrigen Zutaten in ein Glas geben und für 14 Tage an die Sonne stellen. Durch einen Kaffeefilter seihen und in Flaschen abfüllen. Diese gut verschließen und kühl aufbewahren.

Der schwarze Holunder

Sambucus nigra

Der schwarze Holunder wird im Buch «Sommer in der Küche» näher beschrieben. Dort finden Sie auch Rezepte zur Verarbeitung der köstlichen Holunderblüten, die von Mai bis Juli gesammelt werden.

Jetzt, im September, sind die Beeren des schwarzen Holunders reif.

Schwarzer Holundersirup

Holunderbeeren mit Zucker, Rotwein und Zimtstange in einen Topf geben. Aufkochen und während 30 Minuten bei kleiner Hitze köcheln lassen. Das heiße Mus durch ein gebrühtes Leinentuch seihen. Den Saft nochmals aufkochen und in heiß ausgespülte Flaschen abfüllen. Sofort verschließen.

Tip: Aus diesem Sirup lassen sich ausgezeichnete Getränke, Saucen, Sorbets und Cremes herstellen.

Ergibt etwa 5 l
5 kg Holunderbeeren, gewaschen und entstielt
½ l kräftiger Rotwein
1 Zimtstange
2½ kg Zucker

Holunderchutney

Die Holunderbeeren zerdrücken, die Zwiebeln in feine Scheiben schneiden. Zusammen mit den übrigen Zutaten in einen Emailtopf geben. Unter häufigem Rühren etwa 2 Stunden auf kleinem Feuer zu einer zähflüssigen Masse köcheln. Anschließend in vorgewärmte, saubere Gläser füllen und verschließen. Bis zum Genuß etwa 1 Monat stehenlassen.

Tip: Holunderchutney paßt zu luftgetrocknetem, eingesalzenem oder gekochtem Wild sowie zu Wildgeflügel oder gepökeltem Schweinefleisch.

Ergibt 1 kg
1 kg schwarze Holunderbeeren
100 g Zwiebeln
1 TL gemahlener Ingwer
80 g Rohzucker
1 TL Salz
10 g zerdrückte Senfkörner
6 dl Rotweinessig
Cayennepfeffer
1 Sträußchen Quendel

Holundersorbet

Für 4 Personen
300 g Holundersirup
(Rezept Seite 31)
400 g Sahnekefir
50 g Puderzucker
1 Eiweiß
Basilikumblätter

Den Holundersirup mit Sahnekefir und Puderzucker verrühren. Das leicht geschlagene Eiweiß darunterheben und in der Eismaschine gefrieren, bis eine cremige Masse entsteht. Das Sorbet mit dem Spritzbeutel in schlanke, hohe Gläser füllen und mit Basilikumblättern ausgarnieren.

Holunder-Pie

Für 6 Personen
1 kg sehr reife schwarze Holunderbeeren
200 g Biskuitbrösel
180 g brauner Rohrzucker
2 EL Rotwein
1 Msp Nelkenpulver
1 Msp Zimtpulver
400 g Mürbeteig

Mürbeteig
250 g Mehl
1 EL Puderzucker
150 g küchenwarme Butter
1 Ei
1 EL kaltes Wasser

Für den Teig das Mehl auf eine kühle Arbeitsfläche sieben und eine Vertiefung in die Mitte drücken. Die übrigen Zutaten hineingeben und mit der Hand von der Mitte her vermischen. Nach und nach das Mehl unter die Mischung arbeiten. Den Teig kneten und zu einer Kugel formen. In Klarsichtfolie einschlagen und 30 Minuten an der Kühle ruhen lassen.

Die Holunderbeeren mit den Biskuitbröseln vermischen und eine Pie-Form bis unter den Rand damit füllen. Zucker und Rotwein mischen, dazugeben und die Gewürze daruntermischen. Den Mürbeteig ausrollen und die Beeren damit bedecken. Die Pie im vorgeheizten Backofen bei 220 Grad etwa 20 Minuten backen, bis der Teig braun ist. Die Temperatur auf 190 Grad herunterschalten und noch etwa 15 Minuten weiterbacken. Warm und nach Belieben mit halbgeschlagener Sahne servieren.

Tip: Statt Holunder können Sie für diese Pie auch Heidelbeeren verwenden.

Schwarze Holundercreme mit Griess

Für 6 Personen
500 g schwarze Holunderbeeren, gewaschen und entstielt
1½ dl Wasser
½ dl Rotwein
80 g Grieß
200 g Zucker
2 dl Schlagsahne

Die Holunderbeeren mit Wasser aufsetzen und 15 Minuten durchkochen. Die Beeren zerdrücken und durch ein feines Sieb passieren. Den so gewonnenen Saft mit Rotwein aufkochen. Den Grieß hineinrieseln lassen, gut umrühren und 10 Minuten köcheln lassen, bis eine breiige Masse entsteht. Den Zucker beigeben und die Creme unter gelegentlichem Umrühren erkalten lassen. Die Hälfte der steifgeschlagenen Sahne darunterziehen. Die Creme in eine Servierschüssel oder in Gläser füllen. Mit der restlichen Sahne eine Rosette aufspritzen.

Holunder-Brombeer-Marmelade

Die Beeren mit einem Holzstößel zerdrücken und in einen passenden Topf geben. Wasser und Rotwein beifügen, alles aufkochen und 10 Minuten simmern lassen. Im Mixer pürieren und durch ein feines Sieb streichen. Mit Zucker aufkochen, 5 Minuten kochen lassen und abschäumen. Heiß in vorgewärmte Gläser füllen und sofort verschließen.

Tip: Die Marmelade mit etwas Rotwein und Zitronensaft zu Saucendicke verrühren. Mit wenig Zimtpulver abschmecken. Diese Holundersauce schmeckt sehr fein zu Birnen- oder Apfelkompott.

Ergibt 1,2 kg
600 g Brombeeren
600 g schwarze Holunderbeeren, gewaschen und entstielt
1 dl Wasser
1 dl Rotwein
1 kg Gelierzucker

Holunderwein

Den Saft in eine hohe Kasserolle gießen und mit 1½ kg Zucker aufkochen. In einen Gärkessel oder eine Korbflasche füllen und die Rosinen beigeben. Den Inhalt bis zum Frühling stehenlassen. Die Holunderblüten und weitere 500 g Zucker hinzufügen. Nach 14 Tagen wird der Wein klar und sehr angenehm im Aroma. Den Wein durch ein gebrühtes Tuch seihen, in Flaschen abfüllen und gut verkorken.

Tip für die Saftherstellung: Beeren durch den Fleischwolf drehen und anschließend mit Hilfe einer Handpresse auspressen.

20 l Saft von schwarzen Holunderbeeren
1½ kg Zucker
500 g Rosinen
500 g Holunderblüten
500 g Zucker

Holunderlikör

Die Holunderbeeren mit einer Gabel abstreifen, unreife Beeren entfernen. Mit den übrigen Zutaten in eine weithalsige Flasche einfüllen und verschließen. Den Inhalt gut durchschütteln und an einen sonnigen Platz stellen. Etwa 3 Wochen durchziehen lassen und jeden Tag einmal kräftig durchschütteln. Danach durch einen Kaffeefilter ablaufen lassen. In Flaschen abfüllen und verkorken. Kühl lagern und servieren.

Ergibt 1,2 l
500 g vollreifer schwarzer Holunder
275 g weißer Kandiszucker
7 dl Obstbranntwein (40 Vol.-%)
2 Stückchen getrockneter Ingwer

Der Sanddorn

Hippophae rhamnoides

Der Sanddorn gehört zur Familie der Ölweidengewächse. Der Volksmund kennt ihn auch als Dünendorn, Fasanbeere, Rote Schlehe.

Der 1 bis 4 m hohe, dornige Strauch hat weitkriechende Wurzelausläufer. Die bis 6 cm langen, schmallanzettlichen Blätter sind auf der Oberseite kahl, auf der Unterseite silberglänzend bis kupferrot und dicht behaart. Aus den weiblichen Blüten entwickeln sich die beerenartigen, orangeroten Scheinfrüchte. Blütezeit: März bis Mai; Fruchtreife: September bis Oktober.

Die vitaminreichen Früchte werden noch vor dem ersten Frost gepflückt; sie schmecken aromatisch säuerlich. Zum Ernten der Sanddornbeeren sollte man unbedingt eine Schere mitnehmen, um die saftigen Früchte an den Stielen abzuschneiden. Beim Abzupfen werden die Beeren oft zerdrückt, und der wertvolle Saft geht verloren.

Der Sanddorn hat zwei weit auseinanderliegende Verbreitungsgebiete. In den Dünengebieten ist er ebenso zu Hause wie auf den Kiesbänken im Alpenvorland und in den Alpen selbst.

Sanddornsirup

Aus den gewaschenen Beeren im Dampfentsafter etwa 1 l Sanddornsaft zubereiten. Diesen mit dem Zucker vermengen und auf 75 bis 80 Grad erhitzen. In vorgewärmte Flaschen abfüllen und sofort verschließen.

Tip: Aus Sanddornsirup läßt sich ausgezeichnetes Speiseeis zubereiten. Auch Milch- und Joghurtspezialitäten mit Sanddornsirup munden vorzüglich.

Ergibt etwa 2 l
3 kg Sanddornbeeren
1,2 kg Zucker

Sanddorngelee

Den Sanddornsaft unter stetigem Rühren mit Gelierzucker vermischen und zum Siedepunkt bringen. Zitronensaft und -schale beigeben.

5 Minuten kochen lassen, sofort in vorgewärmte Gläser einfüllen und diese rasch verschließen.

1 l Sanddornsaft
(siehe Rezept
«Sanddornsirup»,
oben)
1 kg Gelierzucker
2 Zitronen, Schale
fein abgerieben und
Saft ausgepreßt

Sanddornkaltschale

Weißwein, Orangensaft und Wasser kurz aufkochen. Stärke mit 2 EL kaltem Wasser anrühren, in die heiße Flüssigkeit einlaufen lassen und 5 Minuten köcheln. Etwas erkalten lassen. In die fast kalte Suppe den Sanddornsirup mit dem Zitronensaft einrühren.

Die gut ausgekühlte Tapioka in Suppentassen oder Suppenteller verteilen. Mit der Fruchtsuppe auffüllen und vor dem Servieren etwa ½ Stunde kalt stellen. Mit einem Sahnehäubchen ausgarnieren.

Tip: Diese Kaltschale können Sie auch mit Hagebuttensirup (siehe «Sommer in der Küche») oder mit Holundersirup (Rezept Seite 31) herstellen.

Für 4 bis 6 Personen
2½ dl Weißwein
1 dl Orangensaft
1 dl Wasser
¾ TL Kartoffel- oder
Maisstärke
3 dl Sanddornsirup
(Rezept siehe oben)
1 EL Zitronensaft
½ EL gekochte
Tapioka als Einlage
4 bis 6 EL
halbgeschlagene Sahne

Sanddornköpfchen

Für 6 Personen
750 g reife Sanddornbeeren
1 Orange (Saft)
2 dl Weißwein (Riesling)
250 g Zucker pro ½ l Saft
8 Blatt Gelatine
3 dl Sahne, halbgeschlagen

Die Beeren mit dem Orangensaft durch ein Sieb streichen. Weißwein und Zucker zusammen aufkochen und die in kaltem Wasser eingeweichte und gut ausgepreßte Gelatine darin auflösen. Etwas abkühlen lassen. Den Beerensaft dazugießen und die Masse in gefällige Portionenförmchen abfüllen. Im Kühlschrank fest werden lassen. Zum Stürzen die Förmchen kurz in heißes Wasser tauchen. Die Sahne separat dazu servieren.

Tip: Diese Köpfchen können auch mit Brombeermarmelade, Hagebuttenmarmelade (siehe «Sommer in der Küche») oder Holundersirup (Rezept Seite 31) zubereitet werden.

Sanddorn-Quark-Parfait mit Zwetschgen

Für eine 2-l-Form
6 Eigelb
200 g Zucker
2½ dl Milch
1 Vanilleschote, Mark ausgeschabt
250 g Quark
300 g Sanddornbeeren
1,2 dl Weißwein (Silvaner)
350 g Sahne

Zum Anrichten
20 Zwetschgen, in Rotwein eingelegt (Rezept Seite 12)
Minzeblättchen

Eigelb und Zucker mit dem Schneebesen verrühren (nicht schlagen). In einem Topf die Milch mit dem Vanillemark aufkochen. Langsam, unter Rühren, zur Eicreme gießen. Diese Mischung unter ständigem Rühren zur Rose kochen, das heißt, bis sie leicht dickflüssig ist. Die Creme darf wegen der Gerinnungsgefahr auf keinen Fall kochen! Die Creme sofort in eine vorgekühlte Schüssel gießen und leicht rühren, bis sie abgekühlt ist. Erst dann den Quark daruntermischen.

Die sauberen Sanddornbeeren mit dem Wein erhitzen. Durch ein Sieb streichen und abgekühlt zur kalten Quarkmasse geben. Zuletzt die geschlagene Sahne darunterheben und alles in eine vorgekühlte Form füllen. Mindestens 3 Stunden gefrieren lassen.

Das Parfait in Scheiben schneiden und mit Rotweinzwetschgen und einigen Minzeblättchen garniert servieren.

Tip: Die Sanddornbeeren können ersetzt werden durch 300 g Heidelbeeren beziehungsweise 250 g Hagebuttenmarmelade (siehe «Sommer in der Küche») oder Holundersirup (Rezept Seite 31).

Der Wacholder

Juniperus communis

Der Wacholder gehört zur Familie der Zypressengewächse. Man kennt ihn auch als Queckholder, Mechandel und Reckholder.

Der Wacholder kann als aufrechter Strauch 5 bis 10 m hoch werden. Die nadelförmigen Blätter stehen in dreizähligen Quirlen. Da sie hart und spitzig sind, werden sie kaum von Tieren gefressen. Der Strauch ist zweihäusig, die männlichen Blüten stehen einzeln in den Blattachseln, die weiblichen sitzen auf winzigen Kurztrieben. Ihre Schuppen werden später fleischig und schließen sich zusammen, so daß die Form einer Beere entsteht. Blütezeit: April bis Mai.

Die erst im zweiten Jahr nach der Blüte reifende Scheinfrucht ist beerenartig, in unreifem Zustand grün, wenn sie ausgereift ist blauschwarz. Wacholderbeeren sind ein beliebtes Gewürz. Die Zweige sind geeignet zum Räuchern von Fleisch und Fisch.

Der Wacholder kommt häufig im Unterholz, in Wäldern und auf Heiden vor. In den höheren Lagen der Alpen wird er durch den Zwergwacholder ersetzt.

WACHOLDERSIRUP

Die Beeren mit 2 dl Wasser kurz aufkochen. Mit einem Fleischklopfer zerquetschen. 6 dl Wasser beigeben, aufkochen, 5 Minuten ziehen lassen und abseihen. Diesen leicht bitteren, aromatisch riechenden Sud mit dem Zucker vermischen. Die Zitronenscheiben beigeben und etwa 1 Stunde zu Sirup einkochen. Abseihen, in vorgewärmte, saubere Flaschen abfüllen und verschließen.

Tip: In diesem herb-süßen Sirup gekochte Apfel- oder Birnenviertel sind eine herrliche Beilage zu Schweinebraten, gekochtem Rindfleisch, Gans, Ente oder Wildbret.

300 g reife Wacholderbeeren
8 dl Wasser
1½ kg Zucker
3 Zitronen, in ½ cm dicke Scheiben geschnitten

WACHOLDERMELASSE
(WACHOLDERLATWERGE)

500 g Wacholderbeeren
3 l Wasser
1 kg Zucker auf 1 l Saft
2 Zitronen, in Scheiben geschnitten

Die Beeren mit einem Stößel oder im Mörser zerdrücken. Mit dem Wasser aufkochen und 1½ Stunden langsam weiterköcheln. Die Zitronenscheiben dazugeben und nochmals 20 Minuten köcheln lassen. Den Saft durch ein Tuch seihen, abmessen, die entsprechende Menge Zucker zugeben und weitere 1½ bis 2 Stunden einkochen lassen, bis eine honigartige Melasse entsteht (Probe auf einem Teller durchführen). In trockene Gläser füllen und gut verschließen.

Tip: Aus Wacholdermelasse lassen sich feine Süßspeisen herstellen (Verwendung wie Löwenzahnblütenhonig, siehe «Frühling in der Küche»), sie paßt aber auch zu Wildgerichten.

WACHOLDERÖL

1 l Sonnenblumenöl
2 EL Wacholderbeeren, mit einem Fleischklopfer zerdrückt
1 TL Salz
1 Zitrone, Schale fein abgeschält

Alle Zutaten gut miteinander vermengen, in eine Flasche geben und 2 bis 3 Wochen an einem kühlen, dunklen Ort ziehen lassen.

Tip: Wacholderöl kann für Wildbretsalate und für Kohlgemüse verwendet werden.

WACHOLDERLIKÖR

120 g zerquetschte Wacholderbeeren
120 g grüne Wacholdernadeln
250 g Waldhonig
1 l guter Obstbranntwein

Alle Zutaten gut mischen und in ein Glas füllen. Das Glas verschließen und etwa 1 Woche an die Sonne stellen. Den Likör durch einen Kaffeefilter seihen und in Flaschen abfüllen. Kühl aufbewahren und kühl servieren.

Die Mehlbeere

Sorbus aria

Die Mehlbeere gehört zur Familie der Rosengewächse. Der Baum oder Strauch, an dem sie wächst, ist auch unter den Namen Mehlbaum, Silberbaum, Sperberbaum und Weißbaum bekannt. Er wird bis zu 10 m hoch, hat eine dichtbelaubte Krone und eine schwarzgraue, erst glatte, später etwas längsrissige Rinde. Die jungen Zweige wie auch die Blätter und Blütenstände sind mit weißen, filzigen Haaren bedeckt. Die Blätter sind ungeteilt, am Rande gezähnt oder schwach gelappt. Die weißen Blüten stehen in Trugdolden beisammen. Blütezeit: Mai bis Juni.

Die Frucht ist kugelig bis eiförmig, orange bis rot und mehlig. Den Mehlbeerbaum finden wir in Gebirgswäldern, an steinigen Abhängen und an Felsen.

Die Früchte werden von September bis Oktober geerntet; sie sollten aber erst nach dem Durchfrieren verwendet werden.

Mehlbeeren können wie Vogelbeeren oder Weißdorn verarbeitet werden: Anstelle von Vogelbeeren oder Weißdornbeeren verwenden Sie die gleiche Menge Mehlbeeren. Entsprechende Rezepte finden Sie auf den Seiten 29, 30 und 51.

Mehlbeerbrötchen

Ergibt 16 bis 20 Brötchen
500 g Mehl
3 EL Backpulver
½ TL Salz
75 g Butter
300 g Mehlbeeren, gewaschen und geputzt
2 dl Milch
2 dl Wasser
1 Msp Lebkuchengewürz

Mehl, Backpulver und Salz mischen. Butter in Flocken beigeben, zwischen den Handflächen mit dem Mehl verreiben, bis eine krümelige Masse entsteht. Mehlbeeren, Milch, Wasser und Lebkuchengewürz daruntermischen und alles zu einem feuchten Teig zusammenfügen. Kleine Brötchen formen, auf den bemehlten Rücken eines Backblechs setzen und im vorgeheizten Ofen bei 220 Grad 30 Minuten backen.

Tip: Diese Brötchen schmecken ganz frisch am besten.

Mehlbeeren-Ratafia

800 g Mehlbeeren
0,7 dl Weinbrand
1 Vanillestange, der Länge nach halbiert
8 Pimentkörner
3 EL Honig

Die gewaschenen und entstielten Mehlbeeren auf einem Tuch gut trocknen. Zusammen mit den Gewürzen und dem Weinbrand in eine Flasche geben, gut verkorken und für 7 bis 8 Wochen an einem sonnigen Platz ziehen lassen. Danach die Flüssigkeit filtrieren und mit dem Honig vermischen. In Flaschen abfüllen und kühl lagern.

Die Preiselbeere

Vaccinium vitis-idaea

Die Preiselbeere gehört zur Familie der Heidekrautgewächse. Bergbuchs, Bickelbeere, Klosterbeere, Steinbeere sind weitere Volksnamen.

Aus dem verholzten Wurzelstock entspringen 10 bis 30 cm hohe Stengel, die verkehrt eiförmige, lederartige, immergrüne, am Rande schwach eingerollte Blätter tragen. Diese sind auf der Oberseite glänzend, auf der Unterseite mit zerstreuten Punkten (Drüsen) besetzt. Die weißen, nicht selten rötlich überlaufenen Blüten sind traubenartig angeordnet. Blütezeit: Mai bis Juni.

Die Frucht ist eine kugelige rote Beere, die gern von Vögeln gefressen wird. Sammelzeit: August bis Oktober.

Wir finden die Preiselbeere in lichten Fichtenwäldern, auf Heiden und Hochmooren bis auf 2000 m Höhe, oft gemeinsam mit Heidelbeeren.

Die Moosbeere

Oxycoccus quadripetalus

Die Moosbeere gehört zur Familie der Heidekrautgewächse. Sie ist auch unter den Namen Sauerbeere und Torfbeere bekannt. Die Pflanze besitzt fadenförmige, kriechende, bis 1 m lange Zweige, an denen wechselständig immergrüne, ledrig ovale oder lanzettliche Blätter wachsen, die am Rand und besonders gegen die Blattspitze nach hinten umgerollt sind. Die Oberseite ist glänzend dunkelgrün, die Unterseite grau. Die Blüten sitzen – im Unterschied zur Preiselbeere – auf sehr langen, aufrechten, fadenförmigen, roten Stielen. Die Vorblätter und Kelchblätter sind rot. Die Krone ist bis zum Grund geteilt, und die vier Kronzipfel sind rückwärts gerichtet, mit rosaroter Farbe. Blütezeit: Juli bis August.

Die Frucht ist kugelig rot und winterhart, gleich der Preiselbeere. Wir finden die Moosbeere auf Moospolstern in Hochmooren. Die Beere wird im September und Oktober geerntet. Sie sollte erst nach dem Durchfrieren genossen werden. Zubereitung wie Preiselbeere. Auch die Blätter können als Tee-Ersatz verwendet werden.

Die nachfolgenden Rezepte können statt mit Preiselbeeren auch mit Moosbeeren zubereitet werden. Die Menge bleibt gleich.

Süss-sauer eingelegte Preiselbeeren

500 g Preiselbeeren
180 g Zucker
2½ dl Portwein
1 dl Rotweinessig
3 EL Honig

Zucker, Portwein und Rotwein aufkochen, bis sich der Zucker aufgelöst hat. Die Beeren hineingeben, kurz aufkochen und etwa 8 Minuten ziehen lassen. Danach mit einer Siebkelle die Beeren herausnehmen und in Gläser füllen. Die Flüssigkeit mit dem Honig aufkochen und heiß über die Beeren gießen. Die Gläser sofort verschließen und bei 95 Grad 15 Minuten im Wasserbad sterilisieren. Herausnehmen und abkühlen lassen.

Preiselbeerkompott

Gleiche Zubereitungsart wie süß-sauer eingelegte Preiselbeeren (siehe oben). Anstelle von 1 dl Rotweinessig wird jedoch 1 dl Rotwein verwendet.

Preiselbeergelee mit Birnensaft

1 kg Preiselbeeren
1 dl Rotwein
½ l frisch gepreßter Birnensaft
1 kg Gelierzucker

Die Preiselbeeren putzen, waschen und in einem flachen Topf mit dem Rotwein langsam erhitzen, bis die Früchte kochen und alle Beeren aufgeplatzt sind. Danach zugedeckt im Topf erkalten lassen. Den Topfinhalt durch ein gebrühtes Nesseltuch gießen, den Saft über Nacht abtropfen lassen und auffangen. Preiselbeersaft und Birnensaft mischen und zusammen mit dem Gelierzucker unter Rühren zum Kochen bringen. Abschäumen, 4 Minuten weiterkochen und heiß in saubere Gläser einfüllen. Sofort verschließen.

Tip: Preiselbeergelee mit Birnensaft paßt sehr gut zu Wild und eignet sich bestens zur Weiterverarbeitung in herbstlichen Süßspeisen.

Preiselbeermarmelade

Preiselbeeren verlesen, waschen und auf Küchenkrepp trocknen, dann in eine Schüssel geben. Rotwein, Portwein, Zimt und Gelierzucker aufkochen und über die Beeren gießen. Mit einem Teller beschweren und über Nacht zugedeckt stehenlassen. Vorsichtig zum Kochen bringen und nach 1 Minute sofort in vorgewärmte Gläser abfüllen (Zimtstange vorher entfernen). Die Gläser rasch verschließen.

1 kg Preiselbeeren
1½ dl Rotwein
1½ dl Portwein
1 Stange Zimt
600 g Gelierzucker

Honig-Preiselbeer-Wein

Die Beeren zerquetschen. Mit Rotwein und Wasser aufkochen und durch ein Tuch seihen. Lauwarm mit Weinstein und Honig vermischen. 10 bis 14 Tage an der Kühle stehenlassen. In Flaschen abfüllen und kühl servieren.

FÜR ETWA 5 L
2 kg Preiselbeeren
2 l Wasser
2 l Rotwein (kräftiger Pinot Noir)
400 g Honig
Weinstein (nach Gebrauchsanweisung)

Königlicher Getreidepudding auf Preiselbeermarksauce

Das abgetropfte Getreide 30 bis 35 Minuten in viel Wasser kochen, dann abschütten. Milch mit Vanillemark und Salz aufkochen, etwas abkühlen und unter das noch leicht warme Gemisch den Zucker rühren. Die in Wasser eingeweichte und gut ausgepreßte Gelatine ebenfalls dazugeben und auskühlen lassen. Kurz vor dem Stocken die in Kirsch marinierten kandierten Früchte und das abgetropfte Getreide beimischen. Zuletzt die geschlagene Sahne darunterheben. Die Masse in kalt ausgespülte Formen füllen und im Kühlschrank 3 Stunden durchkühlen lassen.

Vor dem Servieren die Formen kurz in heißes Wasser tauchen und stürzen. Den Pudding anrichten und die mit Joghurt vermischte Preiselbeermarmelade als Sauce dazu reichen.

FÜR 5 PERSONEN
50 g Getreidekörner (Weizen, Gerste, Hafer, Roggen und Mais), über Nacht in kaltem Wasser eingeweicht
2½ dl Milch
¼ Vanillestange, längs aufgeschnitten und das Mark herausgeschabt
1 Prise Salz
6 Blatt Gelatine
80 g Zucker
1 EL Kirsch
20 g gehackte kandierte Früchte
1½ dl Schlagsahne

PREISELBEER-MARKSAUCE
80 g Preiselbeermarmelade (Rezept siehe oben)
1 dl Joghurt nature

Der Schlehdorn

Prunus spinosa

Der Schlehdorn gehört zur Familie der Rosengewächse. Wir kennen ihn auch als Schwarzdorn, Bockbeerli, Effken, Spinelle.

Der 2 bis 3 m hohe Strauch ist mit Dornen besetzt. Die eiförmigen bis lanzettlichen Blätter sind am Rande fein gezäht. Die weißen Blüten erscheinen vor der Blätterbildung. Blütezeit: März bis April.

Die Frucht ist eine kugelige, blauschwarze, stark bereifte Steinfrucht mit bitterem, die Schleimhäute im Mund zusammenziehendem Geschmack. Fruchtreife: Oktober bis November.

Sehr häufig finden wir den Schlehdornstrauch in Hecken, an Waldrändern und in steinigem Gelände. Er ist über ganz Europa verbreitet. Nach dem ersten Frost werden die Früchte eingesammelt. Durch die Kälteeinwirkung verlieren sie den sauren, derben Geschmack.

SCHLEHENSIRUP

1 kg Schlehen
250 g Äpfel, geschält und entkernt
1 Vanillestange
900 g Zucker
3 dl Wasser
1 TL Anis (nach Belieben)

Die Schlehen in eine tiefe Schüssel geben, mit Wasser bedecken und über Nacht an der Kühle stehenlassen. Am Morgen abgießen und die Schlehen zusammen mit den übrigen Zutaten aufkochen. 10 Minuten zugedeckt ziehen lassen. Das Ganze mit einer Holzkelle zerdrücken und das Mus in ein gebrühtes Tuch geben. Etwa 8 Stunden durchlaufen lassen. Den aufgefangenen Sirup kurz aufkochen, in vorgewärmte Flaschen abfüllen und sofort verschließen.

Tip: Schlehensirup kann als Fruchtsauce zu Puddings und gestürzten Cremes, aber auch zur Weiterverarbeitung für Sorbets verwendet werden.

Süss-saure Schlehen

Die Früchte entstielen, waschen und trocknen und über Nacht in den Tiefkühler legen. Den Zucker in einer Pfanne leicht karamelisieren. Mit Wasser ablöschen und mit Essig auffüllen. Leicht kochen lassen, bis sich der Zucker aufgelöst hat. Nun Honig, Zimt und Nelken beigeben und alles aufkochen. Die gefrorenen Schlehen dazugeben, langsam aufkochen und zugedeckt abkühlen lassen.

Am nächsten Tag die Beeren in Gläser einfüllen. Den Sud erhitzen und 10 Minuten köcheln lassen. Heiß über die Früchte gießen und die Gläser sofort verschließen.

Tip: Süß-saure Schlehen schmecken ausgezeichnet zu Wildgerichten und Sauerbraten.

1½ kg Schlehen
300 g Zucker
½ l Apfelessig
2 dl Wasser
250 g Bienenhonig
1 Zimtstange
5 Nelken

Pikante Schlehen

Die entstielten Schlehen mit kaltem Wasser abbrausen. Auf Küchenkrepp trocknen und auf einem großen Backblech über Nacht einfrieren, damit sie den stark herben Geschmack verlieren. Den Zucker in einem passenden Topf karamelisieren. Mit Essig und Wasser ablöschen und kochen, bis sich der Zucker aufgelöst hat. Die Gewürze sowie die noch gefrorenen Schlehen dazugeben. Kurz vor das Kochen bringen. Sofort in vorgewärmte Gläser füllen und verschließen. Die Schlehen sollten erst nach etwa 2 Monaten verzehrt werden.

Vor der Weiterverwertung den Sirup von den Früchten trennen, zur Hälfte einkochen und wieder zu den Schlehen geben.

Tip: Pikante Schlehen eignen sich als Beilage zu Wild, Wildgeflügel und Ente.

1 kg Schlehen
750 g Zucker
2 dl Wasser
6 dl Apfelessig
2 Zimtstangen
6 Gewürznelken
3 EL Senfkörner

Schlehen-Brombeer-Paste

Schlehen und Brombeeren mit den übrigen Zutaten zum Kochen bringen und bei starker Hitze etwa 40 bis 50 Minuten weiterkochen. Den Schaum abschöpfen. Die Mischung durch ein Drahtsieb passieren. Nochmals kurz aufkochen, heiß in vorgewärmte Gläser füllen und sofort verschließen.

Tip: Diese Paste kann für Tortenfüllungen oder als Brotaufstrich verwendet werden.

1 kg Schlehen
1 kg Brombeeren
2 kg Zucker
2 Zitronen (Saft)
1 Vanillestange, der Länge nach halbiert

SCHLEHEN-QUITTEN-GELEE

1 kg Schlehen
600 g Quitten, geschält und entkernt
2 Zitronen, Saft ausgepreßt und Schale abgerieben
1 Vanillestange
5 Gewürznelken
7 dl Wasser
900 g Gelierzucker

Die Schlehen in eine tiefe Schüssel geben und mit Wasser bedeckt über Nacht an der Kühle stehenlassen. Am nächsten Tag abgießen und zusammen mit den in Achtel geschnittenen Quitten, der Zitronenschale, dem Zitronensaft, den Gewürzen und dem Wasser bei mittlerer Hitze langsam zum Kochen bringen. Die Hitze reduzieren und noch 1 Stunde schwach kochen lassen. Gelegentlich umrühren.

Die Masse in ein sauberes Nesseltuch geben und über Nacht durchtropfen lassen (nicht auspressen). Am nächsten Tag den Saft mit dem Zucker mischen, langsam aufkochen und aufrühren. 3 bis 4 Minuten köcheln lassen. In vorgewärmte Gläser füllen und sofort verschließen.

Tip: Dieser Gelee eignet sich bestens zur Verarbeitung in Süßspeisen wie Mousse, Torten, Speiseeis.

SÜSSE SCHWARZDORN-KÜRBIS-SUPPE

FÜR 6 PERSONEN
150 g Schlehen
300 g Äpfel, geschält und in Scheiben geschnitten
420 g Kürbis, in Würfel geschnitten
2 dl Wasser
4 EL Löwenzahnblütenhonig (siehe «Frühling in der Küche») oder Birnendicksaft (Rezept Seite 93)
½ TL Vanillezucker
2½ dl Joghurt nature
60 g geröstete Haferflocken
60 g gehackte Walnüsse

Schlehen, Äpfel, Kürbis, Wasser und Löwenzahnblütenhonig aufkochen und 15 Minuten ziehen lassen. Alles durch ein feines Sieb streichen. Auskühlen lassen und mit Joghurt und Vanillezucker gut vermischen. Vor dem Servieren die gerösteten Haferflocken und die Nüsse darüberstreuen.

Tip: Diese Kaltschale kann anstelle eines Sorbets auch als Zwischengang serviert werden.

Schwarzdorn-Birnen-Mousse

Die Früchte mit Wasser, Birnendicksaft und Zimt aufkochen. Zugedeckt 10 Minuten ziehen lassen. Das Früchtemus durch ein feines Sieb streichen und auskühlen lassen. Die in kaltem Wasser eingeweichte und gut ausgepreßte Gelatine mit dem Kirsch im warmen Wasserbad auflösen und in das Püree geben. Zuletzt die geschlagene Sahne sorgfältig darunterziehen. Die Mousse in Portionsschalen füllen und 2 bis 3 Stunden durchkühlen lassen.

Für 6 Personen
200 g Schlehen
600 g Birnen, geschält und in Scheiben geschnitten
1 dl Wasser
5 EL Birnendicksaft (Rezept Seite 93)
¼ TL Zimt
4 Blatt Gelatine
1 EL Kirsch
2 dl geschlagene Sahne

Schlehensorbet

1 l Schlehensirup
(Rezept Seite 44)
1 dl Portwein
etwas Wasser

Schlehensirup mit Portwein vermengen und so viel Wasser dazugeben, daß die Zuckerwaage nicht mehr als 16 Grad anzeigt. Das Gemisch in der Eismaschine gefrieren. Sofort in vorgekühlte Gläser füllen und zusammen mit einem frischen Fruchtsalat servieren.

Schlehenbalsam

600 g Schlehen
7 dl Rotwein (Merlot)
1 Zimtstange
3 Gewürznelken
3 Anissterne
1 Zitrone, Schale
dünn abgeschält
300 g Honig
7 dl Wodka

Die sauber gewaschenen und gut abgetropften Schlehen im Mörser leicht zerstampfen. Ein Teil der Steine sollte auch zerstoßen werden, dadurch bekommt das Getränk ein angenehmes Aroma. Das Mus in einen passenden Topf geben. Rotwein, Gewürze und Zitronenschale beifügen und 3 bis 4 Tage an einem kühlen Ort ziehen lassen. Alles filtrieren und die Flüssigkeit kurz aufkochen. Auf 40 Grad abkühlen lassen und den Honig einrühren. Nach dem vollständigen Auskühlen den Wodka dazugeben. In Flaschen abfüllen und gut verschließen. Kühl und dunkel lagern.

Schlehenlikör

300 g gut ausgereifte
Schlehen
1 Zimtstange
1 Orange, Schale
dünn abgeschält
12 Gewürznelken
5 dl Wodka
250 g Kandiszucker

Die Schlehen mit einer Nadel einstechen und über Nacht in den Tiefkühler legen, damit der herbe Geschmack verschwindet. Noch gefroren mit den übrigen Zutaten in ein Glas geben und gut durchschütteln. Für 6 Wochen an ein Fenster in der Nähe eines Heizkörpers stellen. Von Zeit zu Zeit aufschütteln. Durch einen Kaffeefilter gießen und in hübsche Flaschen abfüllen. Gut verschlossen und kühl lagern.

Schlehenlikör sollte gekühlt serviert werden.

Die Mispel

Mespilus germanica

Die Mispel ist ein Rosengewächs. Man kennt sie auch unter Namen wie Äsple, Drecksäck, Mischele, Nesple, Nistel.

Die Mispel wächst strauch-, seltener baumartig bis 6 m hoch. Die länglich lanzettlichen Blätter sind auf der Unterseite, gleich wie die Blütenkelche, behaart. Die großen, grünlichweißen Blüten stehen einzeln, endständig an Kurztrieben. Die Kelchblätter sind auffallend lang, die Kronblätter breit und herzförmig. Blütezeit: Mai bis Juni.

Die Frucht ist kugelig, braun und behaart. Zur Reifezeit ist sie mürbe und mehlig im Geschmack. Die reifen Früchte sind genießbar. Sie besitzen einen hohen Pektingehalt und eignen sich besonders zur Herstellung von Gelee.

Wir finden die Mispel als verwilderte Kulturpflanze in lichten Wäldern und an Waldrändern. Ursprünglich stammt die Mispel aus den östlichen Mittelmeerländern. Sie wurde von den Römern nach Nordeuropa gebracht.

MISPELGELEE

Die geviertelten Äpfel zusammen mit den sauber gewaschenen Mispelbeeren, den Zitronen und dem Wasser in einen Kochtopf geben. Bei niedriger Temperatur etwa 1½ Stunden köcheln. Gelegentlich umrühren und mit einer Holzkelle die Früchte zerdrücken. Alles durch ein gebrühtes Leinentuch passieren. Die Flüssigkeit abmessen, aufkochen und die gleiche Menge Zucker hinzufügen. Kochen lassen, bis sich der Zucker aufgelöst hat. Die Gelierprobe durchführen und den Gelee in vorgewärmte Gläser abfüllen.

1,3 kg sehr reife, weiche Mispelbeeren
1,6 l Wasser
500 g säuerliche Äpfel
3 Zitronen, Schale dünn abgeschält, das Fruchtfleisch in grobe Stücke geschnitten
Zucker

Der Weißdorn

Crataegus monogyna

Der Weißdorn gehört zu den Rosengewächsen. Wir kennen ihn auch unter den Namen Hagäpfeli, Hagedorn oder Heckendorn.

Der bis 4 m hohe sommergrüne Strauch oder Baum ist mit Dornen besetzt. Die kurzstieligen Blätter sind meist fünfteilig, tief über die Hälfte geteilt, mit weit offenen Einschnitten und spitz abstehenden Zähnen. Die Blüte ist in doldiger Rispe an Kurztrieben angeordnet, mit weißen Kronblättern und einem Griffel. Beim zweigriffigen Weißdorn (*Crataegus oxyacantha*) sind die Blätter weniger tief gelappt. Blütezeit: Mai bis Juni.

Die Scheinfrucht ist kugelig bis eiförmig und ziegelrot gefärbt. Das Fruchtfleisch ist leicht bitter und schmeckt mehlig. Verwendet werden die Früchte von September bis Oktober. Sie eignen sich vorzüglich für die Herstellung von Sirup und Gelee.

Der Weißdorn wächst an Waldrändern, in Waldlichtungen und Hecken. Die im Mai gesammelten Blätter und Blüten kommen als Herztee zur Anwendung.

Weissdornsauce mit Holunder

Weißdornbeeren, Äpfel und Apfelsaft aufkochen und zugedeckt 5 Minuten ziehen lassen. Das Gemisch durch ein feines Sieb streichen. Weißdornmus mit Holundersirup und Lebkuchengewürz vermischen und gut verrühren.

Tip: Diese Sauce paßt ausgezeichnet zu Kastanienparfait (Rezept Seite 117), zu gestürzten Cremes oder zu Pudding.

130 g Weißdornbeeren
150 g Äpfel, geschält, entkernt und in Scheiben geschnitten
1 dl Apfelsaft
5 dl Holundersirup (Rezept Seite 31)
¼ TL Lebkuchengewürz

Weissdorn-Birnen-Marmelade mit Rosinen

Birnen, Apfelsaft und Weißdornbeeren aufkochen und zugedeckt 10 Minuten ziehen lassen. Die Masse durch ein feines Sieb streichen. Auf 1 kg Früchtemus 1 kg Gelierzucker beigeben, ebenso die abgetropften Rosinen, und unter Rühren zum Kochen bringen. 3 bis 4 Minuten köcheln lassen, heiß in Gläser abfüllen und sofort verschließen.

1 kg Birnen, geschält, entkernt und in Scheiben geschnitten
2 dl Apfelsaft
180 g Weißdornbeeren
etwa 1 kg Gelierzucker
1½ EL Rosinen, in kaltem Wasser eingelegt

Weissdorn-Birnen-Creme

Weißdornbeeren, Birnen und Apfelsaft aufkochen und 5 Minuten zugedeckt stehenlassen. Das Gemisch durch ein feines Sieb streichen, mit Vanille und Honig verrühren und auskühlen lassen. Vor dem Servieren Rahmquark und Schlagsahne darunterheben und die Creme in Gläser füllen.

FÜR 4 PERSONEN
130 g Weißdornbeeren
600 g Birnen, geschält, entkernt und in feine Scheiben geschnitten
1 dl Apfelsaft
¼ TL Vanillezucker
4 EL Honig
160 g Rahmquark
½ dl geschlagene Sahne

DER LETZTE TANZ

Leise säuselt der Wind durch die Bäume. Die Blätter drehen sich und wippen in der Sonne. Manche sind rötlich-gelb, andere grünlich-braun. Der Maler Herbst hat sich bereits darangemacht, den Blättern für ihren letzten Tanz ein buntes Kleid überzustreifen.
Ein starker Wind kommt auf, ein, zwei, Hunderte von Blättern verlassen ihren Platz und werden in die Höhe gehoben. Das Spiel beginnt. In wilden Drehungen wirbeln sie um den eigenen Stiel, auf und ab. Größere Blätter tanzen wie auf einer Woge langsam hin und her, um möglichst lange in der Luft zu bleiben und dann sanft auf dem Boden zu landen.
An den Zweigen haben sich bereits neue Knospen gebildet. Sterben, um neuem Leben Platz zu machen…

Nimm eine Handvoll
Sommer in den Herbst hinein,
um von den Früchten der Erinnerung
zu zehren
und von den langen Tagen,
blau vor Sonnenschein,
die jäh entschwunden sind
und nicht mehr wiederkehren.

FRIEDRICH TSCHUDI

Das verschwenderische Herbstmenü

Pilz-Kürbis-Terrine mit Holunderchutney

***

Hagebuttensuppe mit Ringelblumenblüten

***

Gebackene Brasse in Weinblättern mit Fenchel

***

Schweinefilet mit Haselnüssen und Salbei

***

Rosmarinbirne mit Bitterschokoladensauce

Pilz-Kürbis-Terrine mit Holunderchutney

Für 12 Personen
250 g leicht durchwachsenes Kalbfleisch
1 EL Butter
3 gehackte Schalotten
70 g weißes Toastbrot ohne Rinde
2 Eiweiß
3 EL frische Sahne
Salz
Pfeffer
250 g kleine Pfifferlinge
250 g Steinpilze
100 g Herbsttrompeten, grob gehackt
3 EL Haselnußöl
1 EL Butter
50 g Schalotten, ½ Knoblauchzehe, beides fein gehackt
250 g Kürbis, in 1 cm große Würfel geschnitten
2 dl brauner Kalbsfond, gelierend
½ TL getrockneter Thymian
3 Salbeiblätter, gehackt
½ TL Rosmarin, fein gehackt
Salz
Pfeffer
1½ dl halbgefrorene Sahne
Butter für die Form
2½ dl Holunderchutney
(Rezept Seite 31)

Das Kalbfleisch in 1½ cm große Würfel schneiden. 1 EL Butter erhitzen und die Schalotte darin glasig dünsten. Fleisch, Schalotten und das in Würfel geschnittene Toastbrot in eine Schüssel geben. Eiweiß, Sahne, Salz und Pfeffer miteinander vermischen und über das Fleisch geben. Zugedeckt 3 bis 4 Stunden kühl stellen.

Die sauberen und in Stücke geschnittenen Steinpilze mit den Pfifferlingen und den Herbsttrompeten in heißem Haselnußöl schwenken. Dabei die Pfanne ständig in Bewegung halten. Die Pilze in ein Sieb schütten und den Pilzsaft auffangen.

1 EL Butter in die Pfanne geben, 50 g Schalotten und den Knoblauch kurz darin dünsten. Die Kürbiswürfel dazugeben, glasig dünsten, ebenfalls durch ein Sieb schütten und den Saft auffangen. Pilzsaft, Kürbissaft und Kalbsfond mischen und sirupartig einkochen lassen. Die Kräuter dazugeben, ebenso die abgetropften Pilze und die Kürbiswürfel. Das Ganze mit etwas Salz und Pfeffer abschmecken, den Topf vom Feuer nehmen und die Masse knapp auskühlen lassen.

In der Zwischenzeit das marinierte Kalbfleisch mit dem Toastbrot im Cutter fein pürieren und die halbgefrorene Sahne nach und nach daruntermixen. Die Masse mit dem Pilz-Kürbis-Gemisch gut vermengen, in eine gebutterte Terrinenform füllen und mit einem Deckel zudecken. In ein Wasserbad stellen und 45 Minuten bei 80 Grad im Ofen garen. Zugedeckt auskühlen lassen. Die Terrine stürzen, in Scheiben schneiden und mit Holunderchutney servieren.

Hagebuttensuppe mit Ringelblumenblüten

Die sauber geputzten Hagebutten grob schneiden. Mit Wasser, Äpfeln, Semmeln, Zitronenschale, Zimt und Nelke weich kochen (etwa 1 Stunde). Die Zimtstange entfernen und alles durch ein feines Sieb passieren, so daß die Kerne zurückbleiben. Die Flüssigkeit mit dem Zucker aufkochen. Die Kartoffelstärke mit Rotwein anrühren und die Suppe damit abbinden.

Die Semmelwürfelchen in Butter rösten und vor dem Servieren darüberstreuen. Mit ausgezupften Ringelblumen-Blütenblättern garnieren.

Tip: Statt Hagebutten können Sie auch Kartoffelrosen verwenden.

Für 6 Personen
400 g reife Hagebutten, ohne Stiel und Blüten
1½ l heißes Wasser
200 g Äpfel, geviertelt und entkernt
2 weiße Semmeln
½ Zitrone, Schale fein abgerieben
2 cm Zimtstange
1 Nelke
100 g Zucker
1½ dl kräftiger Rotwein
½ TL Kartoffelstärke

Garnitur
2 EL Butter
1 weiße Semmel, in Würfelchen geschnitten
2 Ringelblumenblüten

Gebackene Brasse in Weinblättern mit Fenchel

Öl, Zitronensaft, Petersilie, Fenchelkraut, Thymian, Salz und Pfeffer in eine Schüssel geben und gut verrühren. Die Brassen für 2 Stunden in diese Marinade legen, zwischendurch mehrmals wenden.

Die Fische aus der Marinade nehmen und kurz abtropfen lassen. Sardellen und Butter verrühren und mit einem Messer auf die Fische streichen. Jeden Fisch in 2 oder 3 Weinblätter wickeln und mit den Blattspitzen nach unten in eine gebutterte feuerfeste Form legen. Im vorgeheizten Backofen bei 180 Grad 30 Minuten backen. Mit Zitronenscheiben und Fenchelkraut garnieren und heiß servieren.

Für 6 Personen
6 kleine Brassen mit Kopf, gesäubert
3 EL Olivenöl
2 EL Zitronensaft
1 EL Petersilie, gehackt
1 EL Fenchelkraut, gehackt
1 TL Thymian
Salz
schwarzer Pfeffer aus der Mühle
4 Sardellenfilets, gewässert, abgetropft und fein gehackt
40 g Butter
18 große, ungespritzte Weinblätter, blanchiert
1 Zitrone, in Scheiben geschnitten
1 EL Fenchelkraut

Schweinefilet mit Haselnüssen und Salbei

Für 6 Personen
2 Schweinefilets zu je 500 g
Salz
Pfeffer aus der Mühle
140 g Haselnüsse
1 Räucherspeckschwarte
Mehl
3 EL zerlassene Butter
1 dl trockener Sherry
3 gehackte Schalotten
2 dl Bratenjus
1½ dl Sahne
Salz
3 Salbeiblätter, fein gehackt

Die Filets der Länge nach einschneiden, aber nicht durchschneiden. Mit Salz und Pfeffer leicht würzen. Die Haselnüsse mit der Speckschwarte rösten, in einem Mörser fein zerstoßen und in die Einschnitte einfüllen. Die Filets mit Küchengarn zubinden und in Mehl wenden. Die Butter in einer Bratpfanne erhitzen und das Fleisch darin ringsherum gleichmäßig anbraten. Nach etwa 12 Minuten auf eine vorgewärmte Platte legen und warm stellen. Das Fett abgießen, die Schalotten in die Bratpfanne geben und gut dünsten. Mit Sherry ablöschen und mit Bratenjus auffüllen, aufkochen, die Sahne beigeben und die Sauce zur gewünschten Dicke einkochen lassen. Inzwischen die Filets in Scheiben schneiden. Die Sauce mit Salbei und Salz abschmecken und die Filetstücke damit überziehen.

Dazu empfehle ich Ihnen frische Vollkornspätzle (siehe «Frühling in der Küche»).

Rosmarinbirne mit Bitterschokoladensauce

Für 6 Personen
6 kleine Williamsbirnen mit Stiel, geschält, die Fliege herausgeschnitten
150 g Honig
4 dl Wasser
12 Rosmarinnadeln
90 g geröstete Walnüsse, gehackt

Schokoladensauce
200 g Bitterschokolade, in Stücke gebrochen
1 dl Wasser
1 dl Sahne
45 g Butter in kleinen Stücken

Honig und Wasser mischen, den Rosmarin beigeben. Die Birnen etwa 10 Minuten in diesem Sirup leicht köcheln lassen (die Garzeit richtet sich nach Größe und Reife der Birnen). In der Flüssigkeit leicht abkühlen lassen.

Für die Sauce die Schokolade mit Wasser und Sahne bei schwacher Hitze unter Rühren schmelzen. Von der Kochstelle nehmen und nach und nach die Butterstückchen unterrühren, bis die Butter schmilzt und die Sauce glänzt. Die noch leicht warmen Birnen gut abtropfen lassen und mit den Walnüssen bestreuen. Die heiße Schokoladensauce in eine vorgewärmte Schüssel geben und die Birnen hineinsetzen. Nach Belieben mit halbgeschlagener Sahne servieren.

KÜRBIS – DAS GEMÜSE DER REICHEN ARMEN LEUTE

Früher war Kürbis das Gemüse der armen Leute. Dieses Universalgewächs, das sich als Salat, Suppe, Hauptgericht, ja sogar als Süßspeise zubereiten läßt und das man zu Öl verarbeiten kann, hat seinen Dornröschenschlaf hinter sich: Viele gute Köchinnen und Köche sind diesem schmackhaften, zu Unrecht verpönten Fruchtgemüse wieder auf der Spur.
Was out war, liegt plötzlich wieder im Trend. Lassen Sie sich überraschen!

Kürbis-Pilz-Salat, lauwarm serviert

Für 4 Personen
120 g Feldsalat
400 g Kürbisfleisch
1 EL Haselnußöl
200 g kleine Pfifferlinge, geputzt
Salz und Pfeffer
2 EL Schnittlauch, fein geschnitten
2 EL geröstete Kürbiskerne
1 EL süß-sauer eingelegte Preiselbeeren (Rezept Seite 42)

Salatsauce
¼ dl Rotweinessig
¾ dl Kürbiskernöl
Salz und Pfeffer

Den Feldsalat putzen, gründlich waschen und gut abtropfen lassen. Alle Zutaten zur Salatsauce zusammen aufrühren.

Das Kürbisfleisch in dünne, 3 cm lange Stifte schneiden. Das Haselnußöl in einer beschichteten Pfanne leicht erhitzen und darin die Kürbisstifte glasig anziehen. Die Pfifferlinge dazugeben und kurz mitdünsten, ohne daß das Gemüse Wasser zieht. Mit Salz und Pfeffer würzen, mit Schnittlauch bestreuen, noch warm in die Salatsauce geben.

Den Feldsalat rosettenartig auf 4 Tellern anrichten. In die Mitte den Kürbis-Pilz-Salat geben, mit gerösteten Kürbiskernen und eingelegten Preiselbeeren bestreuen. Sofort servieren.

Tip: Kürbiswürfel oder -stengel, in Haselnußöl gedünstet, ergeben eine herrliche Beilage zu Fisch- oder Fleischgerichten.

Kürbiscremesuppe mit Borretschblüten

Für 6 Personen
1,2 kg Kürbisfleisch, in Scheiben geschnitten
1 Zwiebel, in Scheiben geschnitten
2 Knoblauchzehen, zerdrückt
30 g Butter
Bouillon nach Bedarf
Salz und Pfeffer
geriebene Muskatnuß
½ dl Sherry
2 dl Sahne
2 Toastbrotscheiben ohne Rinde, in Würfel geschnitten
30 g Butter
30 Borretschblüten

In einem weiten Topf Kürbis, Zwiebeln und Knoblauch in der Butter 15 Minuten dünsten. Bouillon nach Bedarf hinzufügen und den Kürbis weich kochen. Sherry und Gewürze dazugeben und alles im Mixer fein pürieren. Mit Sahne abschmecken, kurz aufkochen und anrichten. Zuletzt mit Borretschblüten garnieren. Die Toastwürfel in Butter bräunen und separat zur Suppe servieren.

Senfkürbis mit Gartenkräutern

Die nicht zu reifen Kürbisse vierteln und die Kerne großzügig herausschaben. Das feste Fruchtfleisch mit dem Pariserlöffel ausstechen. Die Kugeln in eine Schüssel schichten, jede Lage mit Salz bestreuen. Mit einem Teller bedeckt einige Stunden ruhen lassen.

Am folgenden Tag Essig, Apfelsaft und Zucker aufkochen. Die Kürbiskugeln abgießen und auf Küchenkrepp gut abtrocknen. In zwei Portionen aufteilen, nacheinander in den Essigsaft geben und darin jeweils 6 Minuten leise glasig köcheln. Mit einer Siebkelle herausheben und gut abtropfen lassen. Den abgekühlten Essigsud mit dem Senfmehl verrühren und unter Rühren wieder aufkochen.

Den geschälten und in kleine Würfel geschnittenen Meerrettich mit den Borretsch- und Dillblüten sowie den abgezupften Estragonblättern vermengen. Mit den Kürbiskugeln gleichmäßig in Gläser schichten. Den kochendheißen Senfsud darübergießen und die Gläser sofort verschließen.

Tip: Senfkürbis paßt sehr gut zu Wildgeflügel, Terrinen, Pasteten, Käse und zu kaltem oder warmem gekochtem Rindfleisch.

2½ kg Kürbisfleisch
150 g Salz
7 dl Weißweinessig
6 dl Apfelsaft
200 g Zucker
½ Stange Meerrettich
20 Borretschblüten
10 Dillblüten
6 Estragonstengel
80 g Senfmehl
1 TL weißer Pfeffer

Kürbis süss-sauer

Aus dem festen Fruchtfleisch nicht zu reifer Kürbisse große Kugeln ausstechen.

Essig, Orangensaft, Zucker, Zitronenschale und Gewürze aufkochen und kurz ziehen lassen. Kürbiskugeln in 2 Portionen aufteilen und nacheinander im Sud kochen, bis sie glasig sind. Mit einer Siebkelle herausnehmen und gut abtropfen lassen, dann in Gläser verteilen. Den Saft noch 5 Minuten kräftig kochen. Die Zitronenschalen entfernen und die kochende Flüssigkeit über die Kürbiskugeln gießen, bis sie davon bedeckt sind. Die Gläser sofort verschließen, auf den Kopf stellen und auskühlen lassen.

Tip: Süß-saurer Kürbis mundet ausgezeichnet zu Käse, zu gekochtem Rindfleisch oder zu Pökelfleisch.

2 kg Kürbisfleisch
8 dl Apfelessig
4 dl Orangensaft
3 Zitronen (Schale abgeschält)
1,1 kg Zucker
1 TL Ingwerpulver
2 Zimtstangen
1 EL Gewürznelken

Kürbisgratin*

Für 4 Personen
1 kg Kürbisfleisch
4 EL Mehl
1 EL Olivenöl
5 Tomaten
Salz und Pfeffer
8 Knoblauchzehen, zerdrückt und fein gehackt
30 g Petersilie und 20 g Basilikum, fein gehackt
80 g Parmesan- oder Sbrinzkäse, fein gerieben
40 g Weißbrotbrösel

Das Kürbisfleisch in kleine Würfel schneiden. Die Tomaten schälen, entkernen und ebenfalls in Würfel schneiden.

Die Kürbiswürfel im Mehl wenden. Boden und Seiten eines feuerfesten Steinguttopfes mit Öl gut einpinseln. Kürbis- und Tomatenwürfel mischen, mit Salz und Pfeffer würzen, Petersilie, Basilikum und Knoblauch dazugeben. In die Form füllen und mit dem restlichen Öl beträufeln. Im vorgeheizten Backofen bei 170 Grad etwa 2 Stunden garen. Den Käse und die Brösel darüberstreuen und nochmals ½ Stunde garen, bis sich eine schöne, dunkelbraune Kruste gebildet hat.

Tip: Da der Kürbis genügend Flüssigkeit abgibt, ist es nicht notwendig, während des Garens Wasser hinzuzufügen.

Kürbistorte mit Borretschblüten*

Für 2 Kuchen von je 20 cm Durchmesser

Mürbeteig
200 g Mehl
130 g Butter
75 g Zucker
1 Ei
1 Orange, Schale fein abgerieben
Butter für die Form

Füllung
450 g Kürbisfleisch, mit der Kartoffelreibe gerieben
20 Borretschblüten
5 Eier
150 g Zucker
100 g flüssige Butter

Mehl und Butter mit den Händen verreiben. Zucker und Ei schaumig schlagen. Das Butter-Mehl-Gemisch zu einem Kranz formen. Orangenschale und Zucker-Ei-Masse in die Mitte geben und alles schnell zu einem Teig wirken, eventuell noch 1 bis 2 EL Wasser beigeben. Den Teig ausrollen und in die gebutterten Formen legen.

Die kleingeschnittenen Borretschblüten und den geriebenen Kürbis in einer Kasserolle sehr weich dünsten. Abkühlen und im Mixer pürieren, mit den übrigen Zutaten vermischen und in die ausgelegten Formen füllen. Im vorgeheizten Ofen bei 180 Grad 50 Minuten backen. Auskühlen lassen und servieren.

Eingemachter süsser Kürbissalat

Die Kürbisstengelchen in einer beschichteten Pfanne glasig dünsten. Die übrigen Zutaten miteinander aufkochen. Den Kürbis in Einmachgläser füllen und mit dem heißen Sud aufgießen. Die Gläser sofort verschließen und 15 Minuten bei 90 Grad im Wasserbad sterilisieren. Herausnehmen, auf den Kopf stellen und auskühlen lassen.

Tip: Eingemachter Kürbis, mit etwas Sirup und in Würfel geschnittenen Äpfeln und Birnen vermischt, ergibt einen angenehm süßen Salat als Dessert. Als Garnitur eignen sich Traubenbeeren.

1 kg Kürbisfleisch, in 6 mm breite und 3 cm lange Stengel geschnitten
2 dl Weißwein
2 dl Wasser
400 g Zucker
¼ Zimtstange
2 Nelken
25 g frischer Ingwer, in Scheiben geschnitten

Kürbiskuchen nach alter Tradition

Eier und Zucker schaumig aufschlagen. Zitronensaft und Honig erwärmen und dazugeben. Mit den übrigen Zutaten vermischen und in die gebutterte, mit Zitronengelb ausgestreute Form füllen. Im vorgeheizten Backofen bei 180 Grad 55 Minuten backen. Die Zutaten zur Glasur gut verrühren und den Kuchen noch lauwarm damit bepinseln.

Dazu servieren Sie eine Sauce aus Sauerrahm, Honig und Puderzucker.

Für eine Form von 22 bis 24 cm Durchmesser
200 g Zucker
4 Eier
½ Zitrone (Saft)
40 g Honig
5 g Zimtpulver
200 g Kürbisfleisch, fein geraffelt
120 g gemahlene Mandeln
3 g Backpulver
100 g Mehl
Butter für die Form
abgeriebene Schale von 2 Zitronen zum Ausstreuen der Form

Glasur
150 g Puderzucker
1 dl Kirsch
Saft von ½ Zitrone
½ dl Wasser

Sauce
5 dl Sauerrahm
50 g Honig
100 g Puderzucker

OKTOBER

GEDANKEN

Der Wind säuselt in den Bäumen. Die Blätter machen sich selbständig und tanzen ihren Reigen, als möchten sie sagen: «Wir sind frei!» Ein buntes, unüberschaubares Blättermeer bedeckt die Parks und Straßen, die Waldböden, Felder und Wiesen. Kinder werfen die Blätter in die Luft, und wie ein Konfettiregen wippen sie wieder zur Erde. Ein starker Windstoß bläst durch das Laub. Ein Straßenkehrer versucht dem Treiben ein Ende zu setzen. Er wischt das Laub zusammen, versorgt es im Schubkarren und beginnt wieder von neuem.
Viele Blätter hängen noch an den Ästen…

BLÄTTERFALL

Der Herbstwald raschelt um mich her…
Ein unabsehbar' Blättermeer
entperlt dem Netz der Zweige.
Du aber, dessen schweres Herz
mitklagen will den großen Schmerz –
sei stark und schweige!

Du lerne lächeln, wenn das Laub,
dem leichten Wind ein leichter Raub,
hinabschwankt und verschwindet.
Du weißt, daß just Vergänglichkeit
das Schwert, womit der Geist der Zeit
sich selber überwindet.

CHRISTIAN MORGENSTERN

KIRCHWEIH

Heute ist Kirchweih! Ein weißes Hemd, eine frisch gebügelte Hose, saubere, auf Hochglanz polierte Schuhe, der von Flecken gereinigte und ausgebesserte abgelegte Kittel meines älteren Bruders und eine Krawatte mit Gummizug – so ausgestattet darf ich an der Hand meines Papas zum Kirchweihfest gehen. Die Mama begleitet uns mit der kleineren Schwester. Der große Bruder darf selbständig am Fest teilnehmen.
Auf dem Weg begegnen wir Nachbarn und vielen Freunden. Je näher wir zum Rummelplatz kommen, um so dichter wird die Menschenmenge.
Ein buntes Durcheinander von Musik ertönt. Der Duft von gebratenen Mandeln, Grillbratwürsten und Magenbrot steigt uns in die Nase.
«Magenbrot vom Gottfried Stutz, kaufen, kaufen, nicht vorbeilaufen!» ruft es von einem Stand herüber. Aber uns interessiert das Karussell mit seinen holzgeschnitzten kleinen Schimmeln. Was für ein Erlebnis, hoch zu Pferd, immer schneller im Kreise fahrend, den Eltern zuzuwinken!
Ein Stückchen Magenbrot essen, die Augen schließen – und schon sind wir in Gedanken wieder im Kinderland der Träume, beim Kirchweihfest.

Magenbrot

Mehl und Biskuitbrösel vermengen und zu einem Kranz formen. Alle übrigen Zutaten in die Mitte geben und mit den Fingern gut verrühren. Das Mehlgemisch nach und nach einarbeiten und alles zu einem Teig kneten. Mit Klarsichtfolie abdecken und 30 Minuten an der Kühle ruhen lassen. Danach den Teig 1½ cm dick ausrollen und in 3 cm breite Bahnen schneiden. Von diesen 1½ cm breite Stücke abschneiden und auf ein gebuttertes Blech legen. Im vorgeheizten Backofen bei 200 Grad etwa 8 Minuten ausbacken.

In der Zwischenzeit die Zutaten zur Glasur vermischen, in einem breiten Topf gut aufkochen lassen und 2 bis 3 Minuten leicht weiterköcheln. Das gebackene Magenbrot noch heiß in die heiße Glasur tauchen und zum Abtropfen auf ein Gitter setzen. Auskühlen lassen und zu Kaffee oder Tee servieren.

800 g Mehl
75 g Biskuitbrösel
250 g Honig
250 g Zucker
1 dl Wasser
1 ganzes Ei
1 Eigelb
125 g Orangeat, fein gehackt
7½ g Zimtpulver
7½ g gemahlener Anis
2½ g gemahlene Nelken
13 g Hirschhornsalz
1½ dl Milch

Glasur
900 g Zucker
3 dl Wasser
40 g Kakaopulver, ungesüßt

Gebrannte Mandeln

Die Mandeln in einer Pfanne ohne Zusatz von Fett langsam rösten. In einer zweiten Pfanne Zucker und Wasser aufkochen. Die Mandeln hineingeben und unter Rühren den Zucker leicht karamelisieren. Die Pfanne vom Feuer nehmen, sobald sich der Zucker fest um die Mandeln gelegt hat. Die Mandeln auf ein eingeöltes Blech legen und mit zwei Gabeln voneinander lösen. An einem trockenen Ort auskühlen lassen. In Dosen gut verschlossen und trocken aufbewahren.

200 g geschälte Mandeln
200 g Zucker
2 EL Wasser
wenig Öl für das Blech

Weitere typische Rezepte für die Zeit der Jahrmärkte und Kirchweihfeste:

SCHENKELI
(siehe «Winter in der Küche»)

ÖHRLI, AUCH HASENÖHRLI GENANNT
(siehe «Winter in der Küche».)

KILBIKÜCHLEIN (IN DER SCHWEIZ HEISSEN SIE «CHNÖIBLÄTZE»)
(siehe «Winter in der Küche», Rezept «Fastnachtsküchlein»)

Diese drei Spezialitäten werden auch in der Fastnachtszeit zubereitet und genossen.

Gekochtes Rindfleisch und Birnensturm

Für 4 Personen
1 kg gekochtes Rindfleisch, leicht durchwachsen

Birnensturm
1 kg überreife Birnen
150 g Kartoffeln
2 dl Sahne
1 EL Kartoffelmehl
70 g Butter
80 g Weißbrotbrösel

Die geschälten Birnen vierteln und mit den grob gewürfelten Kartoffeln in Wasser weich kochen. Abgießen und durch ein Sieb streichen. Sahne und Kartoffelmehl verrühren und unter das Birnen-Kartoffel-Püree geben. Die Hälfte der Butter beimengen. In eine gebutterte, feuerfeste Form gießen, mit Bröseln bestreuen und die restliche Butter in Flocken darübergeben. Im vorgeheizten Backofen bei 200 Grad 15 Minuten backen. Das Rindfleisch in Scheiben schneiden und mit dem Birnensturm servieren.

BAUERNREGELN

Regen an Sankt Remigius (1. Oktober)
bringt für den ganzen Monat Verdruß.

***

Späte Rosen im Garten
lassen den Winter noch warten.

***

Fällt im Wald das Laub sehr schnell,
ist der Winter bald zur Stell'.

***

Oktobersonnenschein
schüttet Zucker in den Wein.

***

Wenn im Oktober das Wetter leuchtet,
noch mancher Sturm den Acker feuchtet.

***

Im Oktober der Nebel viel
bringt dem Winter Flockenspiel.

***

Ein guter Herbst macht Verschwender,
ein böser Haushälter.

***

Herrscht im Oktober zuviel Sonn',
hat in der Fastnacht die Kält' ihr' Wonn'!

DAS HOROSKOP DER WAAGE
24. September bis 23. Oktober

Das Leben der Waage-Geborenen hält sich wie ihr Zeichen immer im Gleichgewicht. Waagen sind ständig auf der Suche nach Harmonie und Ausgewogenheit. Sie lieben eine ruhige Arbeit ohne Streß und nehmen Probleme eher auf die leichte Schulter. Ihr ausgesprochener Sinn für Diplomatie erleichtert ihre Beziehungen zu den Mitmenschen, denn sie wissen, wie man Konflikten aus dem Weg geht. So ziehen sie viele Sympathien auf sich. Beruflich verwirklichen sie sich am besten in künstlerischen Bereichen, in der Mode, bei der Herstellung von Luxusprodukten.

Die Waagen besitzen viele Eigenschaften, die ihnen zu einem ausgeglichenen Seelenleben verhelfen. Bei Auseinandersetzungen und Wortgefechten entwickeln sie eine beachtliche Neigung zu jener Passivität, welche die Dinge schon ins Lot bringt.

Sind Sie bei einer Waage eingeladen, werden Sie sich bei Tisch nicht langweilen. Man kennt und achtet Ihre Vorlieben, und um jedem Wunsch gerecht zu werden, wird von allem ein wenig zubereitet. Das Essen wird dann zu einer Art Degustation, die sehr originell und interessant sein kann.

GEBURTSTAGSDINER FÜR DIE WAAGE

Herbstsalat mit gebackenen Parasolhüten

***

Kalte Williamsbirnensuppe mit Brunnenkresse

***

Saiblingmousse mit Trauben und Trüffeln

***

Lammkeulensteaks mit Kürbis und Pfefferminze
Gebratene Pellkartoffeln

***

Champagnerapfel mit Holundersorbet und Feigen

***

Weißweinfladenkuchen mit Zimt und Kakao

Herbstsalat mit gebackenen Parasolhüten

Für 4 Personen
1 Chicorée
1 Handvoll Feldsalat
80 g Walnußkerne
1 EL süß-sauer eingelegte Preiselbeeren (Rezept Seite 42)
4 Parasolhüte
Salz und Pfeffer
2 EL Mehl
1 Ei, verquirlt
6 EL Semmelbrösel
Erdnußöl zum Ausbacken

Sauce
1½ EL Obstessig
3 EL Walnußöl
Salz
Pfeffer aus der Mühle

Den Chicorée waschen, gut abtropfen lassen und in ½ cm breite Streifen schneiden. Den Feldsalat putzen, waschen und ebenfalls gut abtropfen lassen. Die Walnußkerne grob hacken. Für die Sauce alle Zutaten in einer Schüssel gut aufrühren.

Die Parasolhüte vorsichtig säubern. Mit einem Tuch die Schuppen von den Hüten wischen. Die Stiele herausdrehen (sie können getrocknet werden). Die Pilzhüte salzen und pfeffern. Im Mehl und im Ei wenden. Anschließend in Semmelbröseln panieren und in Öl ausbacken. Den Salat auf 4 Tellern rosettenartig anordnen. Mit Salatsauce beträufeln. Nüsse und Preiselbeeren darüberstreuen. Die warmen, knusprigen Parasolköpfe auf den Salat anrichten und sofort servieren.

Tip: Anstelle von Parasolpilzen können auch Austernseitlinge verwendet werden.

Kalte Williamsbirnensuppe mit Brunnenkresse

Für 4 Personen
8 reife Williamsbirnen
120 g Brunnenkresse (Blätter und Stiele gehackt)
25 g Brunnenkresseblätter
8 dl Hühnerbouillon
3 EL Zitronensaft
Salz und Pfeffer
2 dl Sahne

Die Birnen vierteln, Stiele, Blüten und Kerngehäuse entfernen. Birnenviertel einige Minuten in der Hühnerbouillon kochen. Auskühlen lassen und dann die gehackte Brunnenkresse dazugeben. Die Suppe im Mixer fein pürieren und durch ein feines Haarsieb seihen. Mit Zitronensaft, Salz und Pfeffer würzen und mit Sahne verfeinern. Kühl stellen. Die Brunnenkresseblätter in kochendes Wasser geben, damit sie zusammenfallen. Wenn das Grün kräftig zum Vorschein kommt, die Blätter sofort mit kaltem Wasser abschrecken. Vor dem Servieren die abgetropften Kresseblätter in die Suppe geben. In Tassen anrichten.

Tip: Auf Wunsch kann die Suppe vor dem Servieren mit 1 EL Williamsschnaps parfümiert werden.

Saiblingmousse mit Trauben und Trüffeln

Den Saibling in breite Streifen schneiden und im Tiefkühler kurz anfrieren. Im Cutter mit Sahne, Eiern und Eigelb zu einem feinen Püree verarbeiten. Mit Salz, Pfeffer und Zitronenschale würzen.

Eine Form mit Butter ausstreichen und bis knapp unter den Rand mit dem Fischpüree füllen. Die Form auf einen Rost ins Wasserbad stellen und die Mousse im vorgeheizten Backofen zugedeckt bei 170 Grad etwa 30 Minuten garen.

Inzwischen für die Sauce in einem kleinen Topf die Trüffelmarinade mit dem Fischfond sirupartig einkochen. Die Sahne unterrühren und etwas eindicken. Zuletzt die Trüffel in Streifen schneiden und in die Sauce geben. Mit Salz und Pfeffer abschmecken. Die eingemachten Trauben mit Küchenkrepp trockentupfen und kurz vor dem Servieren in in der Sauce knapp erwärmen.

Die Saiblingmousse stürzen und mit der Sauce überziehen.

Als Vorspeise für 4 Personen
250 g Saiblingfilets ohne Haut
1½ bis 2 dl Sahne
2 Eier
1 Eigelb
Salz und Pfeffer,
½ Zitrone, Schale fein abgerieben
Butter für die Form

Sauce
1 eingelegte Trüffel mit etwas Marinade (siehe «Winter in der Küche»)
1 dl Fischfond
1½ dl Sahne
Salz und Pfeffer
3 EL eingemachtes Traubenkompott (Rezept Seite 103)

Lammkeulensteaks mit Kürbis und Pfefferminze

Tomaten und Kürbis in 2 cm große Würfel schneiden. Paprika entkernen und in 2 cm große Stücke schneiden. Das Lammfleisch mit Olivenöl, Salz, Pfeffer und Knoblauch einreiben. In einen großen Topf legen und bei mäßiger Hitze ringsum hellbraun anbraten. Weißwein und Bouillon angießen und zum Kochen bringen. Den sich bildenden Schaum abschöpfen. Tomatenwürfel und Zitronensaft hinzufügen und alles bei kleiner Hitze köcheln lassen. Das Fleisch herausnehmen, sobald es gar ist. Kürbis und Paprika in die Sauce geben und aufkochen. Die Hitze reduzieren, eventuell etwas Flüssigkeit abgießen. Alles weich dünsten, die Pfefferminzblätter beigeben und die Lammkeulensteaks im Gemüse erwärmen. Zusammen mit kleinen geschälten, in Butter gebratenen Pellkartoffeln servieren.

Für 4 Personen
4 Scheiben Lammkeule (mit Knochen) zu je 160 bis 180 g
2 EL Olivenöl
Salz
Pfeffer, frisch gemahlen
2 Knoblauchzehen, fein gehackt
3 dl Weißwein
3 dl Bouillon
400 g Tomaten, geschält und entkernt
3 EL Zitronensaft
600 g Kürbis, geschält und entkernt
1 grüne Paprikaschote
2 EL frische Pfefferminzblätter, gehackt

Champagnerapfel mit Holundersorbet und Feigen

Für 4 Personen
2 mittelgroße, schöne Äpfel (Champagnerreinette)
20 g Butter
1 EL Zucker
1 Schuß Champagner
4 Kugeln Holundersorbet (Rezept Seite 32)
1 EL geröstete Mandelsplitter
Puderzucker
2 frische Feigen, geschält und in Achtel geschnitten

Karamelsauce
1 dl Sahne
80 g Zucker
25 g Butter
½ dl Milch
1 Eidotter
5 g Vanillezucker

Die Äpfel schälen, Blüte und Stiel entfernen, quer halbieren, das Kerngehäuse entfernen und die Apfelhälften auf ein Kuchenblech setzen. Butterflocken und Zucker in die Aushöhlung füllen. Die Äpfel mit einem Schuß Champagner begießen und im heißen Backofen während 3 Minuten kurz dämpfen (sie sollten nicht zerfallen). Auskühlen lassen.

Für die Sauce den Zucker karamelisieren, Butter dazugeben, mit Sahne aufgießen. Etwas einkochen lassen und passieren. Eigelb, Milch und Vanillezucker beigeben und zu einer schaumigen Sauce aufschlagen. Jeden Apfel mit einer Kugel Holundersorbet belegen und diese mit gerösteten Mandeln bestecken. Die Karamelsauce auf die Teller verteilen und den gefüllten Apfel in die Mitte setzen. Ringsherum mit Feigenachteln garnieren und mit Puderzucker bestäuben.

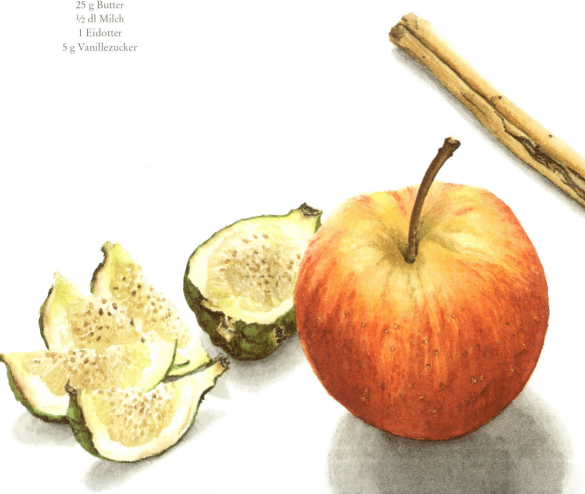

Weissweinfladenkuchen mit Zimt und Kakao

Butter, Zucker und Ei schaumig rühren. Das Mehl darübersieben und alles zu einem Teig verrühren. Auf Backpapier ausrollen und die Tarte-Form damit auslegen. Den überstehenden Rand abschneiden. Den Teig etwa 8 Minuten bei 250 Grad blind backen. Herausnehmen und abkühlen lassen.

Den Wein aufkochen, dann vom Herd nehmen. Die Eier mit Zucker und Zimt schaumig aufschlagen. Den Wein nach und nach dazugeben. Den Guß auf dem vorgebackenen Teigboden verteilen und den Kuchen im vorgeheizten Backofen bei 180 Grad 20 Minuten backen. Auskühlen lassen, aus der Form stürzen und das Papier entfernen. Mit Kakaopulver bestreut servieren.

Für eine Tarte-Form von 26 cm Durchmesser

Teig
75 g Butter
75 g Zucker
1 Ei
150 g Mehl

Guss
3½ dl Weißwein (Riesling)
2 Eier
100 g Zucker
¼ TL Zimt
Kakaopulver zum Bestreuen

WILDE ZEITEN

Der Begriff «Wild», der all jene Tiere umfaßt, die während einer bestimmten Zeit gejagt (und anschließend verzehrt) werden dürfen, weckt auf dem Gebiet der Kochkunst oft die romantischsten Vorstellungen. Der Mythos beginnt schon beim Hegen und späteren Jagen der Tiere. Die Schönheit einer Wildente im Flug, das prächtige Federkleid des Fasans oder die Trophäe eines Hirsches haben viele Maler und Dichter zu tiefsinnigen Werken inspiriert.
Dieser Respekt vor der göttlichen Schöpfung sollte jeden Koch zu der Einsicht bringen, daß solch köstlichen Spezialitäten nur die beste Zubereitung zusteht. Entsprechend groß ist der Zeitaufwand, und es kann schon einmal vorkommen, daß der Gast auf das auserlesene Mahl warten muß. Auch der Jäger mußte schließlich auf das Wild warten, nicht umgekehrt!

DAS MARINIEREN VON WILD
Der besondere Geschmack von Wild läßt sich noch verstärken, wenn man das Fleisch vor dem Garen mariniert. Neben Gemüsen und Kräutern enthalten Marinaden Olivenöl, welches dafür sorgt, daß sich die Aromen besser verteilen. Zutaten wie Wein, Essig und Zitronensaft machen das Fleisch zarter. Die Marinaden variieren entsprechend der vorgesehenen Garmethode. Für zartes Wildfleisch, das gebraten oder gegrillt wird, empfehle ich eine trockene Marinade (Rezept Seite 82). Zum Schmoren, zum Beispiel für Hasen-, Reh-, Hirsch- oder Wildschweinpfeffer, eignen sich rohe oder gekochte Marinaden besser (Rezepte Seite 82).

DAS EINMACHEN VON WILDPFEFFER
Durch das Sterilisieren wird Pfeffer noch besser und ist auch länger haltbar. Die Zubereitung erfolgt wie im Rezept «Hasenpfeffer», Seite 81, beschrieben. Nach der Zugabe von Kakaopulver, Weinbrand, Petersilie und Knoblauch wird alles kochendheiß in vorgewärmte Gläser gefüllt, sofort verschlossen und 35 Minuten bei 95 Grad sterilisiert.
Zum Sterilisieren sollte das Fleisch nicht zu weich sein, da es noch nachzieht.

Mariniertes Rehrückenfilet auf Blattspinat mit Linsen

Das Fleisch mit der abgeriebenen Zitronenschale, Knoblauch, Wacholder, Rosmarin und Olivenöl 2 Stunden an der Kühle marinieren, dabei einmal wenden.

Den Spinat putzen, Stiele entfernen, waschen, trocknen und in 1 cm breite Streifen schneiden. Obstessig, Kürbiskernöl, Salz und Pfeffer gut aufrühren. Die Spinatstreifen auf Teller verteilen, mit Linsen bestreuen und mit dem Dressing beträufeln.

Das trockengetupfte Rehrückenfilet in Butter ringsum anbraten. Mit Salz und Pfeffer würzen. Nur kurz ziehen lassen, so daß die Filets noch blutig sind. In dünne Scheiben schneiden und spiralförmig auf den Spinat anrichten. Viel Meerrettich darüberraspeln und zuletzt die in Butter sautierten Toastbrotwürfelchen darüberstreuen. Sofort servieren.

Tip: Statt Rehrückenfilet eignet sich auch Hasen- oder Gamsrückenfilet für diese Art der Zubereitung.

Für 4 Personen als Vorspeise
200 g Rehrückenfilet, enthäutet
½ Zitrone (Schale)
1 Knoblauchzehe, fein gehackt und zerdrückt
1 Wacholderbeere und 6 Rosmarinnadeln, fein gehackt
20 g Olivenöl
30 g Butter
Salz
Pfeffer aus der Mühle
200 g junger, frischer Spinat
40 g gekochte rote Linsen
frischer Meerrettich
60 g Toastbrotwürfelchen ohne Rinde
20 g Butter

Dressing
2 EL Obstessig
4 EL Kürbiskernöl
Salz und Pfeffer

Hasen-Steinpilz-Terrine mit Holunderchutney

Für eine Terrinenform von 1,5 l Inhalt
500 g Hasenfleisch ohne Knochen, fein gehackt
250 g durchwachsenes Schweinefleisch (Bauchfleisch), fein gehackt
200 g Semmeln
1 dl Milch
250 g Steinpilze, grob gehackt
1 Trüffel, fein gehackt
Salz
Pfeffer, frisch gemahlen
1 TL Thymian, Bohnenkraut und Oregano (vermischt)
2 zerdrückte Knoblauchzehen
1 EL Petersilie, gehackt
je ½ dl Cognac und Madeira
2 Eier
18 Scheiben Spickspeck, dünn geschnitten, zum Auslegen der Form
2 Lorbeerblätter
2½ dl Holunderchutney (Rezept Seite 31)

Die Semmeln in Milch einlegen, bis sie sich vollgesogen haben und weich sind. Danach auspressen und fein hacken. Hasen- und Schweinefleisch, Semmeln, Steinpilze und Trüffel gut untereinander mischen. Mit Pfeffer, Salz und Kräutern abschmecken. Knoblauch, Petersilie, Cognac, Madeira und Eier mit der Masse gut vermengen. Die Terrinenform mit Speckscheiben auslegen, die Masse einfüllen und mit Speck bedecken. Lorbeerblätter darauf legen und die Form zudecken. Im vorgeheizten Backofen bei 170 Grad im Wasserbad 1 Stunde garen, bis die Terrine fest ist. Knapp auskühlen lassen, dann die Terrine stürzen und in Scheiben schneiden. Dazu das Holunderchutney servieren.

Tip: Diese Terrine kann auch mit Reh-, Hirsch- oder Wildschweinfleisch zubereitet werden. Dazu paßt ein Feldsalat oder Toast mit Butter.

Fasanenparfait mit Walnüssen

Die Fasanen- und Hühnerbrüstchen mit Pastetengewürz, Zitronen- und Orangenschale sowie Wacholderbeeren würzen. Zugedeckt 3 Stunden an der Kühle stehenlassen. Das gut durchgekühlte Fleisch mit den Gewürzen, dem Eiweiß und der kalten Mehlpanade im Cutter fein pürieren, durch ein Haarsieb streichen und auf Eis in einer Schüssel glattrühren. Dabei die Sahne und den Orangenlikör löffelweise beifügen. Mit Salz und Pfeffer würzen und die Walnüsse und Pistazien darunterziehen.

Die geputzten Hühnerlebern vierteln und in Öl kurz blutig anbraten. Salzen und auf einem Gitter abtropfen lassen.

Eine Terrinenform mit Folie auslegen und einen Teil der Parfaitmasse hineingeben. In der Mitte der Länge nach die Hühnerleber einlegen, mit der restlichen Masse auffüllen und die Oberfläche glattstreichen. Mit Folie bedecken und im 80 Grad heißen Wasserbad während 35 Minuten garen.

Die Form abkühlen lassen, das Parfait stürzen (Folie entfernen) und in Scheiben schneiden. Dazu reichen Sie Kartoffelrosenchutney.

Für eine Form von 1,5 l Inhalt
200 g Fasanenbrust
150 g Hühnerbrust
10 g Pastetengewürz (Ingwer, Pfeffer, Kardamom)
abgeriebene Schale von ½ Zitrone und ½ Orange
2 zerdrückte Wacholderbeeren
1 Eiweiß
60 g Mehlpanade (dicke Béchamelsauce aus 5 g Butter, 10 g Mehl und ½ dl Milch)
250 g Sahne
30 g Orangenlikör
Salz und Pfeffer
je 50 g Walnüsse und Pistazien, grob gehackt
4 frische Geflügellebern
Salz
etwas Öl
2½ dl Kartoffelrosenchutney (siehe «Sommer in der Küche»)

Marmorierte Rebhuhnsuppe

Für 6 Personen
2 ausgewachsene Rebhühner, dressiert und bardiert (Brüstchen mit Spickspeck belegt und gebunden)
1,3 l Hühnerbrühe
Salz und Pfeffer
130 g altbackenes Weißbrot ohne Rinde
130 g Champignons, in Scheiben geschnitten
1 dl Milch
1½ dl Sahne
110 g gemahlene Mandeln
1 dl brauner Bratenfond
2 EL Zitronensaft
60 g Pistazien, geschält und grob gehackt

Die Rebhühner mit Salz und Pfeffer würzen und gut anbraten. Die Hühnerbrühe aufkochen und die angebratenen Rebhühner darin so lange köcheln, bis sie weich sind. Eventuell etwas Wasser nachgießen. Das Brot und die Champignons zur Brühe geben.

Milch, Sahne und Mandeln leicht erwärmen und etwas ziehen lassen. Durch ein Tuch passieren und fest ausdrücken, um die Mandelmilch ganz auszupressen.

Die Rebhühner aus der Brühe nehmen. Die Haut abziehen, das Fleisch von den Knochen lösen, in Würfel schneiden und in die vorgewärmte Servierschüssel geben. Die Brühe aufkochen und mit dem Bratenfond im Mixer fein pürieren. In den Topf zurückgeben. Die zuvor aufgekochte Mandelmilch im feinen Strahl einlaufen lassen. Mit Zitronensaft und Salz abschmecken. Die Suppe in die Servierschüssel mit dem Rebhuhnfleisch anrichten. Zuletzt mit Pistazien bestreuen und sofort auftragen.

Tip: Diese Suppe können Sie ebensogut mit Wachteln, Wildente, Fasan oder Schnepfe zubereiten. Am besten eignen sich ältere Tiere!

Wildente mit Linsen und grünen Nüssen

Für 4 Personen
1 Wildente, ausgenommen und gebunden
2 Knoblauchzehen
Salz
je 2 TL Koriander und Zimt
220 g Linsen, gewaschen und abgetropft
150 g gekochte Randen (rote Beten), in 1 cm große Würfel geschnitten
2 Zitronen (Saft)
12 eingemachte grüne Nüsse (siehe «Sommer in der Küche»)

Die Ente in einen Schmortopf geben und diesen zu ⅔ mit Wasser füllen. Das Wasser zum Kochen bringen, die Hitze reduzieren und die Ente 1 Stunde köcheln lassen, bis das Fleisch weich ist. Die Knoblauchzehen in Salz zerdrücken und zur Garflüssigkeit geben. Koriander und Zimt, danach Linsen und Randen vermischt dazugeben. Den Topf ohne Deckel in den auf 180 Grad vorgeheizten Backofen stellen. Etwa 35 Minuten garen, bis die Linsen weich sind. Eventuell nachwürzen. Die Linsen anrichten, darauf die zerteilte Ente anordnen. Mit Zitronensaft beträufeln und die in Scheiben geschnittenen grünen Nüsse auf das Fleisch legen.

Dazu empfehle ich Ihnen Dampfkartoffeln.

Rebhuhn mit Wirsing und süss-sauren Kornelkirschen

Den Wirsing in einzelne Blätter zerlegen, den Strunk entfernen. Die Blätter 10 Minuten in gesalzenem Wasser blanchieren, anschließend kalt abschrecken und mit Küchenkrepp trockentupfen. Die Rebhühner in einen Schmortopf legen und im vorgeheizten Backofen bei 170 Grad etwa 1½ Stunden braten, bis sie weich sind. Den Speck entfernen und jedes Rebhuhn in 4 Stücke zerlegen. Das Olivenöl im Topf, in dem die Rebhühner gebraten wurden, erhitzen. Knoblauch und Zwiebeln hinzufügen und hellbraun dünsten. Die Tomaten dazugeben. Die Pinienkerne zusammen mit der Petersilie und einer Prise Salz in einem Mörser zerstoßen und in die Mischung rühren. Alles gut durchkochen. Danach die Rebhühner hineingeben und den Deckel auflegen. Den Topf wieder in den 170 Grad heißen Backofen stellen.

In der Zwischenzeit das Ei mit Mehl, Wasser und etwas Salz zu einem glatten Teig verrühren. Jedes Kohlblatt zu einer kleinen Rolle formen. Das Öl in einer Bratpfanne erhitzen. Jeweils nur einige aufgerollte Kohlblätter in den Teig tauchen und anschließend in Öl braten. Auf Küchenkrepp abtropfen lassen und dann während der letzten 15 Minuten mit den Rebhühnern im Backofen garen. Zuletzt die süß-sauren Kornelkirschen darüberstreuen und das Gericht im Topf servieren.

Tip: Nach diesem Rezept können auch Fasan oder Wildente zubereitet werden.

FÜR 4 PERSONEN
1 kleiner Wirsing
2 große Rebhühner, ausgenommen und bardiert (siehe Rezept «Marmorierte Rebhuhnsuppe», Seite 78)
3 EL Olivenöl
3 Knoblauchzehen, fein gehackt
½ Zwiebel, fein gehackt
2 Tomaten, gehäutet, entkernt und grob gehackt
30 g Pinienkerne
1 EL gehackte Petersilie
Salz
1 Ei, verquirlt
2 EL Mehl
1,2 dl Wasser
1 dl Öl
3 EL Kornelkirschen süß-sauer (siehe «Sommer in der Küche»)

Fasanenbrüstchen an grüner Apfelsauce

Für 4 Personen
4 Fasanenbrüstchen zu je 120 g
½ Zitrone (Schale)
2 Wacholderbeeren, zerdrückt
1 Knoblauchzehe, fein gehackt
je 1 Zweiglein Thymian und Rosmarin, in 1 cm lange Stücke geschnitten
2 EL Olivenöl
30 g Butter
½ Zwiebel, fein gehackt
4 säuerliche kleine Kochäpfel, geviertelt, entkernt und in Scheiben geschnitten
4 EL Cointreau
2½ dl Sahne
Salz und Pfeffer
5 gehackte Pfefferminzblätter

Die Fasanenbrüstchen mit abgeriebener Zitronenschale, Gewürzen, Kräutern und Olivenöl einreiben. Im Kühlschrank 2 Stunden marinieren. Butter in einem Topf zergehen lassen und die Zwiebeln darin dünsten. Die Kochäpfel dazugeben, weich schmoren und mit Cointreau ablöschen. Im Mixer fein pürieren und durch ein Sieb streichen. Das Apfelpüree aufkochen, mit Sahne verfeinern und mit Salz und Pfeffer abschmecken. Mit Pfefferminze aromatisieren.

Die marinierten Fasanenbrüstchen im abgeseihten Marinadeöl beidseitig anbraten und etwas ziehen lassen, so daß sie noch leicht blutig sind. In gefällige Scheiben schneiden und auf der Apfelsauce anrichten.

Auf Wunsch mit süß-sauren Hagebutten (siehe «Sommer in der Küche») bestreuen.

Hasenpfeffer

Den marinierten Hasen in einem Sieb gut abtropfen lassen. Die Marinade auffangen, in einen Topf geben, aufkochen und beiseite stellen, damit sich das Bluteiweiß absetzen kann. Die klare Flüssigkeit sorgfältig abschütten und zur weiteren Verarbeitung aufbewahren. Den Rest entfernen.

Die Fleischstücke mit Küchenkrepp trockentupfen. Mit Salz und Pfeffer würzen. Die Speckschwarte mit dem Olivenöl in einem Schmortopf auslassen. Wenn Fett und Öl heiß sind, die Fleischstücke darin gut anbraten. Häufig wenden. Das marinierte Gemüse und das Mehl dazugeben und leicht anrösten. Mit ½ dl Weinbrand sowie der aufbewahrten Marinade ablöschen und mit der Wildsauce auffüllen. Unter häufigem Rühren mit einem Holzlöffel zum Kochen bringen. Den Deckel auflegen und das Fleisch im vorgeheizten Backofen bei 170 Grad während 30 bis 50 Minuten schmoren, je nach Alter des Tieres.

In einem zweiten Schmortopf 30 g Butter zerlassen. Die Zwiebeln und den blanchierten Speck darin 15 Minuten hellbraun anbraten. Das Hasenfleisch aus dem Backofen nehmen und Stück für Stück (am besten mit einer Dressiernadel) in den Topf mit den Zwiebeln und dem Speck geben. Die Schmorflüssigkeit durch ein Sieb über das Fleisch gießen und das Gemüse kräftig ausdrücken. Das Ganze bei schwacher Hitze kochen, bis das Fleisch weich ist.

Kakaopulver, 2 EL Weinbrand, gehackte Petersilie und Knoblauch gut vermengen und der Sauce beigeben. Vor dem Servieren die Weißbrotherzen in der restlichen Butter braun braten und über den Pfeffer geben. Dazu servieren Sie Vogelbeersauce sowie hausgemachte Nudeln (siehe «Sommer in der Küche», Rezept «Rosenvollkornnudeln»), Vollkornspätzle (siehe «Frühling in der Küche»), Kartoffelpüree oder Klöße aus Hüttenkäse (Rezept Seite 89).

Tip: Zum Binden der Sauce ist Kakaopulver empfehlenswerter und feiner als Blut!

FÜR 4 PERSONEN
1 Hase, ausgebeint, in Würfel geschnitten und mariniert (siehe Rezepte «rohe» bzw. «gekochte Marinade», Seite 82)
Salz
Pfeffer
2 EL Olivenöl
1 Stück geräucherte Magerspeckschwarte
2 EL Mehl
½ dl Weinbrand
3 dl Wildsauce (Rezept Seite 83)
½ EL ungesüßtes Kakaopulver
2 EL Weinbrand
2 TL gehackte Petersilie
½ Knoblauchzehe, fein zerstoßen
60 g durchwachsener Magerspeck, in kleine Streifen geschnitten und 3 Minuten in kochendem Wasser blanchiert
60 g Butter
12 kleine, geschälte Zwiebeln
100 g Weißbrot, in Scheiben geschnitten und Herzen ausgestochen
2 dl Vogelbeer-Apfel-Sauce (Rezept Seite 29)

Rohe Marinade

1 l kräftiger Rotwein (für Haarwild) oder Weißwein (für Federwild)
4 EL Essig
4 EL Olivenöl
2 Zwiebeln, 1 große Karotte, 1 kleine Stange Bleichsellerie, alles in Scheiben geschnitten
3 zerdrückte Knoblauchzehen
2 Lorbeerblätter
4 Wacholderbeeren
je 1 Zweiglein Rosmarin und Thymian
2 Petersilienstengel
1 EL Pfefferkörner, zerdrückt
¼ Orange, in Scheiben geschnitten

Gemüse und Kräuter in eine passende Schüssel geben. Das in 3 cm große Stücke geschnittene Wildfleisch gut damit vermengen und dann die restlichen Zutaten dazugeben. Fleisch und Gemüse sollten vollständig von der Flüssigkeit bedeckt sein. Das Fleisch an der Kühle 4 bis 5 Tage stehenlassen. Täglich einmal wenden.

Gekochte Marinade

Wenn Ihnen die Zeit für mehrtägiges Marinieren fehlt oder wenn das Fleisch von einem älteren Tier stammt, dann wählen Sie eine gekochte Marinade. Die Zutaten sind die gleichen wie bei der rohen Marinade.

Das Öl in einem passenden Topf erhitzen. Alle Zutaten mit Ausnahme von Wein und Essig dazugeben und bei mittlerer Hitze 10 Minuten leicht rösten. Gelegentlich umrühren. Wein und Essig dazugießen und zum Kochen bringen. Den Topf zudecken, vom Feuer nehmen und 30 bis 40 Minuten ziehen lassen. Anschließend die Marinade mit dem Fleisch vermengen und zugedeckt abkühlen lassen. Über Nacht stehenlassen.

Trockene Marinade

30 g trockener Sherry
60 g Weißwein
1 dl Olivenöl
1 TL getrocknete, gemischte Kräuter wie Thymian, Rosmarin, Bohnenkraut und Majoran
4 Wacholderbeeren, zerdrückt
2 Lorbeerblätter
1 Knoblauchzehe, zerquetscht
1 Zitrone (fein abgeriebene Schale)

Diese Marinade eignet sich ausgezeichnet für A-la-minute-Gerichte, da sie sehr wenig Flüssigkeit enthält. Das Fleisch wird vor dem Braten 1 bis 2 Stunden eingelegt.

Alle Zutaten miteinander vermengen. Das Fleisch auf eine flache Form oder auf ein Tablett legen und mit der Marinade begießen. An der Kühle stehenlassen. Nach der Hälfte der Zeit das Fleisch wenden.

Tip: Die Marinade nach Belieben gegen Ende der Garzeit zum Begießen oder zum Ablöschen verwenden.

WILDSAUCE

In einem passenden Bräter die zerkleinerten Wildknochen und Kalbsfüße in Olivenöl im vorgeheizten Backofen bei 200 Grad langsam braten. Von Zeit zu Zeit wenden. Sobald die Knochen knusprig braun sind, das grobgewürfelte Röstgemüse mit den Gewürzen und den Kräutern beigeben. Weitere 15 bis 20 Minuten rösten. Das Fett abschütten, Tomatenmark und Mehl dazugeben und nochmals 15 Minuten rösten. Den Rotwein angießen und den Bratensatz mit einem Spatel vom Boden des Bräters abschaben, so daß er sich in der Flüssigkeit auflöst. Noch kurze Zeit kochen lassen, bis die Flüssigkeit fast verdampft ist. Alles in einen passenden Topf geben. Mit Wasser oder leichter Bouillon auffüllen. Äpfel, Kakaopulver und das angesengte Tannenästchen dazugeben und die Brühe etwa 5 Stunden leicht köcheln lassen. Von Zeit zu Zeit abschäumen und entfetten. Eventuell Wasser nachfüllen. Die Sauce durch einen Durchschlag in eine große Schüssel gießen, Fleisch und Gemüse mit einem Holzlöffel oder Stößel ausdrücken.

Die Sauce nochmals aufkochen und durch ein feines Haarsieb gießen. Bei mittlerer Hitze zur gewünschten Konsistenz einkochen. Mit Salz und Pfeffer würzen.

Tip: Wildknochen erhalten Sie bei jedem guten Delikatessenhändler, wo Sie auch das Wild einkaufen. Wildsauce kann auf Vorrat zubereitet werden. Die Sauce wird heiß in mehrere Einmachgläser eingefüllt, sofort verschlossen und im Wasserbad bei 95 Grad etwa 40 Minuten pasteurisiert. So ist die Wildsauce mindestens 6 Monate haltbar.

3 bis 5 kg Wildknochen und Abschnitte
1 bis 2 Kalbsfüße
Röstgemüse (Zwiebeln, Karotten, wenig Sellerieknolle und einige Knoblauchzehen)
3 Lorbeerblätter
2 EL zerstoßene schwarze Pfefferkörner
4 bis 5 Wacholderbeeren
wenig Rosmarin
1 Thymiansträußchen
3 EL Tomatenmark
3 EL Mehl
1 l kräftiger Rotwein
5 l Wasser oder Bouillon
1 Apfel, geviertelt
1 kleines Tannenästchen, angesengt
1 EL ungesüßtes Kakaopulver
Salz
Pfeffer aus der Mühle

Rehkoteletts an Vogelbeer-Apfel-Sauce

Für 6 Personen
12 Rehkoteletts zu je 50 g
4 EL Öl
Salz, Pfeffer und Thymian
30 g Cognac
2 dl Wildsauce (Rezept Seite 83)
12 halbe Walnüsse
4 dl Vogelbeer-Apfel-Sauce (Rezept Seite 29)

Die Rehkotelettknochen am äußeren Drittel sauber vom Fleisch lösen und blank schaben. Die Koteletts mit Salz, Pfeffer und Thymian würzen. Im heißen Öl beidseitig kurz anbraten, so daß sie innen noch rosa sind. Auf vorgewärmte Teller anrichten.

Das Bratenfett abschütten, den Bratensatz mit Cognac ablöschen und mit Wildsauce auffüllen. Kurz aufkochen. Die Koteletts mit der Sauce überziehen und mit Walnüssen belegen.

Dazu servieren Sie nach Ihrem Geschmack Kastanien, Rotkraut oder Rosenkohl, Spätzle oder Nudeln. Die Vogelbeer-Apfel-Sauce wird leicht erwärmt und separat gereicht.

Rehrückenfilets an Orangensauce

Für 4 Personen
600 g Rehrückenfilets, in 12 Medaillons geschnitten
80 g Butter
Salz und Pfeffer
½ dl Portwein
½ dl Orangensaft
2 dl Wildsauce (Rezept Seite 83)
Cayennepfeffer
1 TL Kartoffelrosenchutney (siehe «Sommer in der Küche»)
12 Orangenschnitze
12 süß-saure Hagebutten (siehe «Sommer in der Küche»)

Die Butter in einer Bratpfanne zerlassen und die mit Salz und Pfeffer gewürzten Filetstücke darin beidseitig rosa braten. Das Fleisch herausnehmen und auf eine vorgewärmte Platte oder auf Teller anrichten. Das Bratenfett abgießen. Den Bratensatz mit Portwein und Orangensaft ablöschen und mit Wildsauce auffüllen. Mit Cayennepfeffer und Kartoffelrosenchutney würzen. Leicht einkochen, dann die Rehmedaillons mit der Sauce überglänzen. Die leicht erwärmten Orangenschnitze auf die Fleischstücke verteilen. Mit je einer Hagebutte ausgarnieren.

Dazu servieren Sie eingemachte Kastanien in Sirup (Rezept Seite 114) und frische Spätzle.

GESCHMORTE HASENKEULEN MIT HEIDELBEERSAUCE

Das Öl in einem Schmortopf erhitzen. Die mit Salz, Pfeffer und Thymian gewürzten Hasenkeulen beidseitig gut anbraten. Aus dem Topf nehmen. Den Speck einstreuen und langsam auslassen. Etwas Bratenfett abschütten, das Mehl beigeben und braun rösten. Mit Rotwein ablöschen und mit Wildsauce auffüllen. Joghurt einrühren und die Hasenkeulen in die Sauce legen. Zugedeckt im vorgeheizten Backofen bei 180 Grad ungefähr 1 Stunde schmoren lassen.

Das Fleisch auf eine vorgewärmte Platte legen. Senf, Sauerrahm und Heidelbeergelee in die Sauce einrühren. Zur gewünschten Dicke einkochen und mit Orangensaft abschmecken. Die Sauce über die Keulen geben, mit Orangenspalten garnieren und mit Orangenschale bestreuen.

Dazu empfehle ich Ihnen eine Polenta (Rezept Seite 89).

4 kleine Hasenkeulen
3 EL Öl
Salz und Pfeffer
1 Thymiansträußchen
60 g durchwachsener, geräucherter Magerspeck, fein gehackt
2 EL Mehl
1½ dl Rotwein
3½ dl Wildsauce (Rezept Seite 83)
1½ dl Joghurt
1 TL Senf
1½ dl Sauerrahm
150 g Heidelbeergelee (siehe «Sommer in der Küche», Rezept «Beerengelee»)
1 Orange, Schale fein abgeschält, blanchiert und in feine Streifen geschnitten, Saft ausgepreßt
1 Orange, filetiert

Wildschweinbraten mit Kirschensauce

Für 8 Personen
1½ bis 1,8 kg Wildschweinkeule oder -schulter
3 gehackte Zwiebeln
3 Karotten, in Scheiben geschnitten
2 Lorbeerblätter
½ Zitrone, in Scheiben geschnitten
Salz
Pfeffer, frisch gemahlen
4½ dl Wildsauce (Rezept Seite 83)
60 g Roggenbrotbrösel
1 EL Zimt
5 EL Zucker
60 g zerlassene Butter

Kirschensauce
350 g Kirschenmarmelade (siehe «Sommer in der Küche»)
1 Stück Zimtstange, 5 cm lang
2½ dl Rotwein
1 Semmel, in Scheiben geschnitten
3 EL Kirschwasser
1 Zitrone, Schale abgerieben

Das Fleisch mit Zwiebeln, Karotten, Lorbeerblättern und Zitronenscheiben in einen Schmortopf geben. Mit Salz und Pfeffer würzen. Die Wildsauce beigeben und alles im vorgeheizten Backofen bei 190 Grad etwa 1½ Stunden garen, bis das Fleisch weich ist. Dabei häufig begießen.

Die Brotbrösel mit Zimt und Zucker vermischen. Das Fleisch mit der Mischung bestreuen, mit der zerlassenen Butter beträufeln und wieder in den Backofen stellen. Diesen Überzug etwa 20 Minuten goldbraun backen. Den Braten aus dem Topf nehmen und auf einer Platte warm stellen.

Kirschenmarmelade, Zimtstange, Rotwein und Semmel miteinander einweichen, vermischen und aufkochen. Mit Zitronenschale würzen. Die abgeseihte Sauce vom Wildschweinbraten dazugeben und 15 Minuten kochen, bis sie dickflüssig ist. Zuletzt mit Kirschwasser verfeinern. Die Sauce separat zum aufgeschnittenen Braten servieren.

Dazu passen hausgemachte Spätzle.

Wildhackbraten mit Pilzsauce

Weißbrotkrumen in Milch und Sahne 1 Stunde einweichen. Das Fleisch daruntermischen, mit Salz, Pfeffer und Bärlauchpaste würzen. Die Eier dazugeben und rühren, bis eine glatte Masse entsteht. Zwei Kastenformen von 1 kg Inhalt gut mit Butter ausstreichen und je die Hälfte der Fleischmasse einfüllen. Im auf 180 Grad vorgeheizten Backofen etwa 1 Stunde braten, bis die Masse fest und die Oberfläche braun ist.

Die Wildsauce erwärmen, mit Sahne verfeinern und zur Creme einkochen. Kurz vor dem Servieren die sauber geputzten rohen Pilze in die Sauce geben. Mit Schnittlauch würzen, jedoch nicht mehr kochen lassen. Die Wildsauce separat zum Braten servieren.

Dazu empfehle ich Ihnen Kartoffelpüree.

Für 8 Personen
2 kg Reh- oder Hirschfleisch, durch die feine Scheibe des Fleischwolfs gedreht
250 g Weißbrotkrumen
1 dl Milch
3 dl Sahne
Salz
Pfeffer, frisch gemahlen
1 EL Bärlauchpaste (siehe «Frühling in der Küche»)
2 verquirlte Eier
1 EL Öl
15 g Butter

Pilzsauce
3½ dl Wildsauce (Rezept Seite 83)
1½ dl Sahne
200 g frische Steinpilze, in ½ cm große Würfel geschnitten
150 g kleine Pfifferlinge, sauber geputzt
2 EL Schnittlauch, fein geschnitten

Ausgesuchte Beilagen

Griessschnitten mit Mohnsamen

Für 6 Personen
250 g Hartweizengrieß
1 l Wasser
Salz
Muskatnuß, frisch gemahlen
2 TL Mohnsamen
2 Eier
50 g Butter
100 g Greyerzer Käse, frisch gerieben
40 g Butter zum Anbraten

Wasser mit Salz, Muskat und Mohnsamen aufkochen. Den Grieß im Strahl einrühren und 15 Minuten kochen. Dabei mit dem Holzlöffel ständig umrühren, damit der Grieß nicht anhängt. Von der Kochstelle nehmen. Eier, Butter und Käse daruntermischen. Die Masse auf einer ebenen Fläche, am besten auf einer Marmorplatte, 1 cm dick ausstreichen. Abkühlen und fest werden lassen.

Kleine Halbmonde ausstechen und in Butter goldbraun braten.

Wirsingrisotto

Für 6 Personen
400 g Wirsing
2 EL Olivenöl
60 g Magerspeck, in feine Würfel geschnitten
1 Zwiebel und
1 Knoblauchzehe, fein gehackt
200 g Vialone-Reis
7 dl leichte Bouillon
Salz, Pfeffer
30 g geriebener Greyerzer Käse

Den Wirsing halbieren, von Strunk und Rippen befreien und in feine Streifen schneiden. In einer großen Pfanne das Öl erhitzen. Die Speckwürfel und Zwiebeln 10 Minuten dünsten, ohne Farbe zu geben. Danach den Knoblauch und den Wirsing dazugeben und unter ständigem Rühren 15 Minuten garen. Den Reis unterrühren und glasig anziehen. Mit Bouillon auffüllen, mit Salz und Pfeffer würzen und zugedeckt im vorgeheizten Ofen bei 170 Grad während 25 Minuten köcheln lassen. Gegen Ende der Garzeit den geriebenen Käse mit einer Gabel vorsichtig unterheben. Den noch leicht flüssigen Risotto in eine vorgewärmte Schüssel füllen und sehr heiß servieren.

Kürbisklösschen mit Kräutern

Die leicht gesalzenen Kürbiswürfel in einem großen Topf in Haselnußöl bei schwacher Hitze 20 Minuten garen, bis sie zerfallen. Das Kürbispüree durch ein Sieb streichen und mit Mehl und Eiern zu einer ziemlich dicken Paste verrühren. Petersilie und Estragon daruntermischen und leicht salzen. Mit einem Löffel kleine Klöße abstechen und in kochendes Salzwasser geben. Ziehen lassen, bis sie gar sind und an der Oberfläche schwimmen. Die Kürbisklöße mit einer Schaumkelle herausnehmen, gut abtropfen lassen und in zerlassener Butter wenden. Mit Parmesan bestreut servieren.

Für 6 Personen
350 g Kürbis, in 1 cm große Würfel geschnitten
2 EL Haselnußöl
Salz
3 Eier
500 g Mehl
2 EL gehackte Petersilie
1 TL gehackter Estragon
60 g Butter
45 g Parmesankäse, gerieben

Klösse aus Hüttenkäse und Schnittlauch

Den Hüttenkäse mit den Eiern, dem Hartweizengrieß, Salz und Schnittlauch vermischen. Etwa 1 Stunde stehenlassen, damit der Grieß weich werden kann. Anschließend mit einem kleinen Eisportionierer walnußgroße Klöße formen und diese in Salzwasser etwa 15 Minuten kochen, bis sie fest und gar sind. Auf eine Platte anrichten. Die Butter erhitzen und die Brösel darin goldgelb braten. Die Klöße damit bedecken.

Tip: Klöße aus Hüttenkäse schmecken ausgezeichnet zu Wildpfeffer.

Für 6 Personen
750 g Hüttenkäse, durch ein Sieb gestrichen
4 verquirlte Eier
150 g Hartweizengrieß
Salz
2 EL Schnittlauch
60 g Butter
140 g frische Weißbrotbrösel

Polenta mit Pilzen und Kräutern

Pilze putzen und in kleine Würfel schneiden. Wasser, Milch, Butter, Knoblauch, Salz und Pfeffer aufkochen. Das Maismehl im Strahl einrühren und auf schwachem Feuer 30 bis 40 Minuten unter häufigem Umrühren zu einer Polenta kochen. Zum Schluß abschmecken und die Pilze, die gehackte Petersilie und die Sahne daruntermischen. Die Pilzpolenta kurz aufkochen und mit dem Holzspatel gut durchmischen. Sie sollte dickflüssig sein. Falls nötig kann noch etwas Bouillon beigegeben werden.

Für 6 Personen
160 g grobes Maismehl
½ l Wasser
½ l Milch
70 g Butter
1 Knoblauchzehe, mit Salz bestreut und fein zerdrückt
Pfeffer
250 g frische Pilze (Pfifferlinge, Austernpilze, Steinpilze, Hallimasch usw.)
2 EL gehackte Petersilie
½ dl Sahne

FRISCH VOM BAUM: ÄPFEL UND BIRNEN

Ein feiner Nebelschleier hat den mächtigen Apfelbaum eingehüllt. Golden ragt seine Blätterkrone zum Himmel. Rubinrot leuchten reife Äpfel um die Wette. Was für ein herrliches Geschenk der Natur an uns Menschen!

HERBSTBILD

Dies ist ein Herbsttag, wie ich keinen sah!
Die Luft ist still, als atmete man kaum,
Und dennoch fallen raschelnd, fern und nah,
Die schönsten Früchte ab von jedem Baum.

O stört sie nicht, die Feier der Natur!
Dies ist die Lese, die sie selber hält,
Denn heute löst sich von den Zweigen nur,
Was von dem milden Strahl der Sonne fällt.

FRIEDRICH HEBBEL

Frischer Apfelsaft

Die Äpfel gründlich waschen und die schlechten Stellen ausschneiden. Die Äpfel vierteln, das Kerngehäuse entfernen. Zitronen auspressen. Die Äpfel im elektrischen Entsafter entsaften. Mit Zitronensaft mischen und möglichst frisch trinken. In Flaschen abgefüllt, aber nicht verschlossen (wegen der Gärung), ist der Saft im Kühlschrank bis zu 3 Tagen haltbar.

Ergibt etwa 1 L
2 kg Äpfel
2 Zitronen (Saft)

Pasteurisierter Apfelsaft

Die Äpfel waschen, vierteln und das Kerngehäuse ausschneiden. Äpfel in den Frucheinsatz eines Dampfentsafters einfüllen. Wasser in den Wasserbehälter füllen und den Entsafter zusammensetzen. Das Wasser zum Kochen bringen, die Äpfel 50 bis 60 Minuten lang entsaften. Den Saft in gut gereinigte Flaschen füllen und diese sofort mit Gummikappen verschließen. Ungeöffnet ist pasteurisierter Apfelsaft ein Jahr haltbar.

Ergibt etwa 2½ L
10 kg Äpfel, zweite Wahl (am besten direkt beim Bauern eingekauft)

Apfelbrötchen

Mehl und Schrot mischen, in eine Schüssel geben und in die Mitte eine Vertiefung drücken. Die Hefe in einen Krug bröckeln, mit Zucker und Milch auflösen und in die Mehlvertiefung einrühren. Das Salz auf den Mehlrand streuen. Die Äpfel beifügen und alles zu einem mittelfesten Teig schlagen. Den Teig zugedeckt an einem warmen Ort 25 Minuten gehen lassen. Auf einer bemehlten Arbeitsfläche nochmals kurz durcharbeiten. In gleich große Stücke teilen und zu runden Brötchen formen. Auf das mit Kleie bestreute Backblech legen. In der Mitte jedes Brötchens mit dem Stiel eines Kochlöffels eine Vertiefung anbringen. Die Brötchen nochmals 20 Minuten gehen lassen, dann im vorgeheizten Ofen bei 200 Grad etwa 20 Minuten backen.

300 g Weizenvollkornmehl
100 g Weizenschrot
100 g Weizenmehl
30 g Hefe
230 g lauwarme Milch (35 Grad)
1 TL Zucker
½ EL Salz
3 Äpfel, grob geraspelt
Kleie für das Backblech

Brot-Apfel-Kuchen

Für eine Springform von 24 cm Durchmesser
350 g altbackenes Brot
3 dl Milch
30 g Butter
1 kg Äpfel
80 g Rohzucker
1 Msp Zimtpulver
1 Zitrone, Schale fein abgerieben und Saft ausgepreßt
2 dl Apfelsaft
10 g Butter
1 EL Semmelbrösel
Puderzucker zum Bestreuen

Das Brot in nicht zu dicke Scheiben schneiden und mit der Milch anfeuchten. Die Butter in einer Bratpfanne erhitzen und das Brot darin auf beiden Seiten goldgelb anbraten. Die geschälten, entkernten Äpfel in Scheiben schneiden. In eine weite Bratpfanne geben und mit Zucker, Zimt, Zitronenschale und Zitronensaft mischen. Den Apfelsaft darübergießen und die Äpfel langsam darin weich dämpfen. Die Springform mit Butter ausstreichen und mit Semmelbröseln bestreuen. Brot und Apfelscheiben lagenweise so in die Springform einfüllen, daß die letzte Lage aus Brotschnitten besteht. Den Brot-Apfel-Kuchen im auf 180 Grad vorgeheizten Ofen auf der mittleren Rille etwa 50 Minuten backen. Mit Puderzucker bestreuen und noch warm mit geschlagener Sahne oder Vanillesauce servieren.

Apfelgelee

2 l Apfelsaft aus dem Dampfentsafter (Rezept Seite 91)
2 kg Gelierzucker
2 Zitronen (Saft)

Den Apfelsaft mit Gelierzucker verrühren und in einem passenden Topf zum Kochen bringen. Eine Minute sprudelnd kochen. Den Zitronensaft dazugeben, den Gelee abschäumen und in vorgewärmte Gläser abfüllen. Sofort verschließen.

Tip: Apfelgelee ist nicht nur als Brotaufstrich geeignet; man kann damit auch Tortenböden und Pfannkuchen bestreichen. Zudem lassen sich aus Apfelgelee besonders feine Puddings und Eisspeisen herstellen.

Würziges Apfelmus mit Piment

2 kg reife Äpfel, geschält, entkernt und gehackt
0,6 l Apfelwein
0,6 l Apfelsaft
500 g Rohzucker
1 TL Zimtpulver
1 TL Nelkenpulver
½ TL Piment, gemahlen

Apfelwein und Apfelsaft in einen Topf geben und auf die Hälfte einkochen. Die Äpfel zum Saft geben und während 40 Minuten zu einem Püree verkochen. Die Apfelmischung im Mixer fein pürieren und anschließend durch ein Sieb streichen. Mit Zucker und den Gewürzen mischen und wieder in den Kochtopf geben. 45 Minuten unter fortwährendem Rühren einkochen lassen. Das Mus in vorgewärmte Gläser abfüllen und sofort verschließen.

Tip: Dieses Apfelmus kann als gewürzte Apfelmarmelade verwendet werden. Es schmeckt aber auch zu gekochtem Rindfleisch, zu Schweinebraten, zu Blut- und Leberwürsten oder zu Gans und Ente.

Birnendicksaft

Die Birnen mit Wasser aufkochen und zugedeckt 20 Minuten ziehen lassen. Die verkochten Birnen durch ein Nesseltuch abseihen und den Saft ohne Zucker mehrere Stunden unter Rühren auf kleinem Feuer einkochen, bis ein honigartiges Konzentrat entsteht. Heiß in Gläser abfüllen und sofort verschließen.

5 kg Birnen, entstielt, geviertelt und entkernt
1½ dl Wasser

Gewürzbirnen in Rotwein und Armagnac

Birnen schälen, mit dem Stiel halbieren, Kerngehäuse entfernen, anschließend in kaltes Wasser mit 1 EL Essig legen. Den Rotwein mit Zucker, Pfefferkörnern und Zimt aufkochen. Birnen und Armagnac dazugeben und 3 Minuten köcheln lassen. Die Früchte herausnehmen und in Einmachgläser schichten. Den Sirup 5 Minuten einkochen lassen und heiß über die Birnen gießen. Die Birnen müssen mit Sirup bedeckt sein. Die Gläser sofort verschließen. Anschließend im Wasserbad bei 90 Grad 35 Minuten pasteurisieren. Herausnehmen und zum Auskühlen auf den Kopf stellen. Nach 2 bis 3 Monaten sind die Birnen zum Genuß bereit.

Tip: Gewürzbirnen passen ausgezeichnet zu gekochtem Rindfleisch, Schweinebraten, Ente oder Gans.

1 kg kleine, feste Birnen
1 EL Essig
1 l kräftiger Rotwein
300 g Zucker
1 TL schwarzer Pfeffer, zerdrückt
2 Zimtstangen
12 EL Armagnac

Verrückt gewürzte Kompottbirnen

Wasser, Wein und Birnendicksaft beziehungsweise Honig mit dem gewünschten Gewürz und dem Zitronensaft aufkochen. 5 Minuten ziehen lassen, dann die Kräuter entfernen. Die ungeschälten Birnen halbieren, Kerngehäuse ausstechen und den Stiel als Dekoration stehenlassen. Die Birnen mit einem Teller beschwert im Sud 2 Minuten köcheln. Vom Feuer nehmen und auskühlen lassen.

Tip: Diese Birnen können Sie als Dessert (zusammen mit einer Weinschaumsauce) oder als Beilage zu Wild oder schwarzem Geflügel servieren. Für Rotweinbirnen verwenden Sie anstelle von Riesling schweren Rotwein und als Gewürz wahlweise ¼ Zimtstange und 2 Nelken, dazu ein Sträußchen Minze oder ½ TL Lebkuchengewürz.

Für 4 Personen
4 mittelgroße, nicht zu weiche Birnen mit feiner Schale
2 dl Wasser
3 dl Riesling
5 EL Birnendicksaft (Rezept siehe oben)
1 EL Zitronensaft
Als Gewürz (wahlweise):
Salbei (8 Blätter), Rosmarin (1 Zweig), Estragon, Basilikum oder Minze
(je 1 Sträußchen)

DIE QUITTE

Äpfel und Birnen sind geerntet. Jetzt sind die dunkelgelben, pelzigen Quitten reif. Diese Früchte sind eine Besonderheit, denn sie können nicht roh genossen werden. Aber der große Aufwand bei der Verarbeitung von Quitten lohnt sich, und der kulinarische Erfolg ist Ihnen sicher. Probieren geht über Studieren!

Gekochter Quittensirup mit Minze

Die Quitten abtrocknen und dabei alles Pelzige abreiben. Die Früchte schälen und in Achtel schneiden. Blüten, Kernhaus und Stiel entfernen. Die Früchte mit kaltem Wasser, Zucker und Minze bei mäßiger Hitze langsam zum Kochen bringen. Etwa 50 Minuten leise ziehen lassen, aber nicht kochen. Die Quitten mit ihrem Saft in ein gebrühtes Gazetuch geben (Minze entfernen). Den kochendheißen Saft auffangen und bis kurz vor den Siedepunkt erhitzen. Den Sirup in vorgewärmte Flaschen abfüllen und sofort gut verschließen.

Das Quittenmark nicht wegwerfen, sondern zu Quittenkäse (Rezept Seite 96) verarbeiten.

4 kg Quitten
1½ l Wasser
400 g Zucker
1 Sträußchen Minze

Quittengelee

Quittensirup und Gelierzucker vermischen und langsam auf den Siedepunkt bringen. 3 bis 4 Minuten durchkochen, sofort in vorgewärmte Gläser abfüllen und verschließen.

1 l Quittensirup
(Rezept siehe oben,
Minze weglassen)
700 g Gelierzucker

Quittenparfait

Die Quittenmarmelade gut aufrühren und durch ein Haarsieb streichen. Das mit Zucker zu Schnee geschlagene Eiweiß mit der Schlagsahne vorsichtig unter die Quittenmasse heben. Sofort in passende, vorgekühlte Formen einfüllen und 3 bis 4 Stunden gefrieren lassen. Vor dem Servieren aus der Form stürzen.

350 g Quittenmarmelade
(Rezept Seite 96)
2 Eiweiß
2 EL Zucker
3 dl geschlagene Sahne

Eine alte Innerschweizer Spezialität, die nichts mit Käse zu tun hat, jedoch zu würzigem Hartkäse serviert wird.

QUITTENKÄSE

1 kg Quittenmark
(siehe Rezept
«Quittensirup»,
Seite 95)
5 Blatt Gelatine
1 EL Wasser oder
Quittenschnaps
250 g Quark
1½ dl Schlagsahne
80 g Puderzucker

Das Quittenmark durch ein feines Sieb streichen. Die Gelatine in kaltem Wasser einweichen, auspressen und mit 1 EL lauwarmem Wasser oder Quittenschnaps auflösen. Mit dem Quark unter das Quittenmark mischen. Vor dem Stocken die mit Puderzucker gesüßte geschlagene Sahne darunterziehen. Die Masse in kalte Formen füllen und 3 bis 4 Stunden im Kühlschrank durchkühlen lassen. Vor dem Servieren stürzen.

EINGEMACHTE QUITTEN MIT INGWER

5 kg geschälte,
entkernte Quitten
etwas Obstessig
2 l Wasser
800 g Zucker
1 kleine Ingwerwurzel

Die Quitten in gleichmäßige Spalten schneiden. Sofort in reichlich Wasser mit einem Schuß Obstessig legen, damit sich die Früchte nicht verfärben.

Wasser, Zucker und den geschälten und in Stücke geschnittenen Ingwer aufkochen. Die Quitten mit Küchenkrepp gut trockentupfen und mit der Rundung nach oben in Gläser einschichten. Die heiße Zuckerlösung durch ein Sieb darübergießen und die Gläser sofort verschließen. Im heißen Wasserbad auf 90 Grad erhitzen und 30 Minuten pasteurisieren.

Tip: Eingemachte Quitten können als Kompott mit Schlagsahne oder als Beilage zu Wild serviert werden.

QUITTENMARMELADE MIT ORANGEN

1 kg reife Quitten,
geschält und entkernt
3 dl Wasser
400 g Gelierzucker
1 Orange, Schale
fein abgeschält,
blanchiert und fein
gehackt,
Saft ausgepreßt

Die Quittenviertel mit dem Wasser und dem Orangensaft in einen flachen Topf geben und 30 bis 45 Minuten leicht köcheln lassen. Danach im Mixer pürieren. Gelierzucker und Orangenschale hinzufügen und das Püree zurück in den Topf geben. Langsam aufkochen lassen und 3 bis 4 Minuten auf dem Siedepunkt gut durchrühren. In vorgewärmte Gläser abfüllen und sofort verschließen.

Tip: Quittenmarmelade können Sie zu Cremes, Mousses oder Eiscremes verarbeiten.

Eine fast exotische, sehr delikate Beilage
GEWÜRZQUITTEN

Die Quitten gründlich waschen, mit einer Bürste das Pelzige abreiben. Die Blüten ausschneiden und die Früchte in einem passenden Topf mit Wasser bedeckt zum Kochen bringen. 30 Minuten leise sieden. Danach zugedeckt im Sud abkühlen lassen.

Die erkalteten Quitten aus dem Sud nehmen und in gleichmäßig dicke Spalten schneiden (12 bis 14 Stück pro Frucht). Die Kerngehäuse sauber entfernen. Zucker, Essig und 3½ dl des Quittenkochwassers mit den Gewürzen aufkochen. Die Quittenstücke hineingeben, kurz aufwallen und zugedeckt auskühlen lassen. Am nächsten Tag die Quitten kurz aufkochen, die Spalten gut abtropfen und heiß in Gläser verteilen. Den Sud 15 Minuten kräftig einkochen lassen und anschließend über die Früchte gießen. Die Gläser sofort verschließen.

Nach 14 Tagen können diese Gewürzquitten zu gebratener Ente oder Gans oder zu Schweinebraten serviert werden.

2 kg Quitten
1 kg Zucker
½ l Rotweinessig
6 Zimtstangen
1 Ingwerwurzel
½ Zitrone
(abgeriebene Schale)
2 EL Gewürznelken

QUITTENTORTE ZUM VERLIEBEN

Das Mehl zu einem Kranz formen. Salz und Zucker darüberstreuen und die Butter in Flocken dazugeben. Das Mehl mit den übrigen Zutaten gut verreiben. Wasser beigeben und alles zu einem Teig zusammenfügen. An der Kühle etwa 30 Minuten zugedeckt ruhen lassen.

Ein rundes Kuchenblech mit 1½ cm hohem Rand buttern und mit dem ausgerollten Teig belegen. Den Boden mit einer Gabel mehrmals einstechen und mit Mehl bestäuben. Die Zutaten für den Guß miteinander vermischen und über den Teig verteilen. Die Torte im vorgeheizten Ofen bei 160 Grad 40 Minuten backen.

FÜR EIN KUCHENBLECH VON 23 CM DURCHMESSER

MÜRBETEIG
180 g Mehl
1 Prise Salz
50 g Zucker
100 g Butter
2 bis 3 EL Wasser

GUSS
150 g Puderzucker
5 Eier
6 EL Quittenmarmelade
(Rezept Seite 96)
100 g flüssige Butter
Saft von 3 Zitronen
fein abgeriebene Schale von 1 Zitrone

Der Kaugummi unserer Urgroßeltern
QUITTENKONFEKT MIT VANILLE

600 g Quitten
600 g Gelierzucker
1 Vanillestange, der Länge nach halbiert
Vanillezucker zum Wenden

Die Quitten waschen und gut abreiben, dann im 175 Grad warmen Backofen 60 Minuten garen. In kaltem Wasser auskühlen lassen. Die Schale abziehen und das Fruchtfleisch mit einem Messer vom Kerngehäuse abschaben. Das weiche Fruchtfleisch fein zerhacken oder passieren und durch ein Sieb streichen. Mit Gelierzucker und dem ausgeschabten Vanillemark mischen und bei milder Hitze unter ständigem Rühren etwa 4 Minuten kochen. Von der Kochstelle nehmen und weiterrühren, bis sich die Masse etwas abgekühlt hat. Auf einem Blech 1 cm dick ausstreichen. Unbedeckt auskühlen und trocknen lassen.

Nach 24 Stunden das Blech auf ein Brett stürzen und die Quittenpaste mit einem scharfen Messer in 2 cm lange Rauten schneiden. Die einzelnen Rauten mit dem Messerrücken leicht einkerben und in Vanillezucker wenden. Auf ein Kuchengitter legen und in einem sehr warmen Raum einige Tage stehenlassen, bis das Konfekt trocken, aber noch elastisch ist. Erst dann in Dosen füllen.

Quittenlikör mit Perzipan

Von den gewaschenen Quitten das Pelzige abreiben. Die Früchte in Achtel schneiden, Blüte und Kernhaus entfernen. Das Wasser dazugeben und bei schwacher Hitze zum Kochen bringen. Zugedeckt 10 Minuten dünsten, ohne umzurühren. Danach den Deckel abnehmen und die Flüssigkeit zur Hälfte verdampfen lassen. Den Zucker, die Gewürze und die Zwetschgenkerne beifügen, umrühren und zugedeckt erkalten lassen.

Die Quittenmischung in ein 2-l-Glas geben und den Weinbrand darübergießen. Alles gut aufrühren und das Glas verschließen. 14 Tage an die Sonne stellen, danach den Quittenlikör in Flaschen filtrieren und gut verschließen. Kühl aufbewahren und gekühlt servieren.

600 g Quitten
1½ dl Wasser
250 g Kristallzucker
4 bis 5 Zwetschgenkerne (Perzipan), geschält und grob gehackt, ersatzweise Bittermandeln
1 TL Anis
1 TL gemahlene Muskatblüte
1,3 l Weinbrand

DES WINZERS STOLZ: DIE WEINTRAUBE

Fast überall auf der Erde werden Reben kultiviert. Die Weinrebe ist eine ausdauernde Schlingpflanze, die auf nährstoffreichen, tiefgründigen Böden und an geschützten Lagen besonders gut gedeiht.
Etwa 5 % aller geernteten Trauben werden zu Traubensaft verarbeitet, aus weiteren 5 % werden Rosinen und getrocknete Weintrauben hergestellt. Ungefähr 10 % werden als Tafeltrauben frisch genossen, und aus dem Löwenanteil von 80 % werden Weine oder Spirituosen gewonnen.
Trauben enthalten 80 % Wasser und sind deshalb ausgezeichnete Durstlöscher. Die Kerne wirken verdauungsfördernd, sie werden aber auch bei Blutarmut, Kreislaufstörungen und Arterienverkalkung empfohlen.

LÄNDLICHER HERBSTSALAT

FÜR 4 PERSONEN
8 Scheiben Rohschinken
½ Endiviensalat
400 g Trauben
150 g Birnen
60 g gehackte Walnüsse

SALATSAUCE
3 EL Weinessig
5 EL Traubenkernöl
Salz und Pfeffer

Endiviensalat putzen, waschen, abtropfen lassen und in ½ cm breite Streifen schneiden. Trauben kurz in kochendes Wasser tauchen, kalt abschrecken und schälen. Die Zutaten zur Salatsauce mit einem Schneebesen aufrühren und die geschälten Trauben 20 Minuten darin ziehen lassen. In einer Bratpfanne den Rohschinken langsam knusprig braten. Aus dem Fett nehmen und gut abtropfen lassen. Die Birnen schälen, entkernen und in feine Scheiben schneiden.

Den Endiviensalat auf 4 Teller verteilen und mit Birnenscheiben belegen. Mit der Sauce beträufeln, die Trauben darauf verteilen, die knusprigen Rohschinkenscheiben darüberlegen und die Walnüsse darüberstreuen.

Rebhühner mit grünen Weintrauben

Die Rebhühner mit den Weintrauben füllen und mit Küchengarn binden. Mit Salz und Pfeffer würzen. Bei hoher Temperatur in Butter braun anbraten. Den Topf von der Kochstelle nehmen. Cognac über die Rebhühner gießen und anzünden. Den Topf leicht rütteln, bis die Flammen erloschen sind. Die Rebhühner mit dem Bratensaft in einen Bräter geben und im vorgeheizten Backofen bei 200 Grad etwa 10 bis 12 Minuten garen. Herausnehmen und auf eine vorgewärmte Platte legen. Das Fett aus dem Bräter gießen und den Bratensatz mit dem Traubensaft und dem Bratenjus auflösen. Die Sauce aufkochen und leicht einreduzieren lassen. Kurz vor dem Servieren das Küchengarn von den Rebhühnern entfernen und sie mit der Sauce überziehen.

Dazu empfehle ich Ihnen Polenta (Rezept Seite 89).

Für 6 Personen
6 junge Rebhühner
450 g grüne Weintrauben, blanchiert und geschält
60 g eingesottene Butter
4 EL Cognac
3 dl Traubensaft von unreifen grünen Trauben
1 dl Bratenjus
Salz und Pfeffer

Wachteln in Weinblättern mit Weinbeeren

Die Wachteln innen mit Salz, Pfeffer und Thymian leicht würzen. 1 TL Leberparfait und 2 Weinbeeren in die Bauchhöhle jeder Wachtel geben. Das Brustfleisch mit Spickspeck belegen und jede Wachtel so in ein Weinblatt einschlagen, daß die Brust knapp bedeckt ist, dann mit Küchengarn binden.

Die Butter in einem kleinen Schmortopf zergehen lassen. Die Wachteln hineingeben und im vorgeheizten Backofen bei 220 Grad etwa 10 Minuten braten, bis das Fleisch fast weich ist. Den Topf aus dem Ofen nehmen, die Wachteln mit Cognac begießen und anzünden. Sobald die Flammen erloschen sind, die restlichen Weinbeeren hinzufügen und die Wachteln mehrmals mit der Garflüssigkeit begießen. Das Gericht direkt aus dem Schmortopf servieren.

Dazu empfehle ich Ihnen ein Risotto.

Für 4 Personen
4 ausgenommene Wachteln
250 g kleine, kernlose Weinbeeren, blanchiert und geschält
Salz und Pfeffer
Thymian
4 Scheiben Spickspeck
4 TL Leberparfait
4 Weinblätter
30 g Butter
2 EL Cognac

Winzers Lieblingscreme

Für 4 Personen
250 g weiße Trauben
1 EL Cognac
4 Eigelb
100 g Zucker
3 EL Zitronensaft
½ TL abgeriebene Zitronenschale
2 Blatt weiße Gelatine
1 dl Weißwein
2 Eiweiß
1½ dl Sahne

Garnitur
einige Traubenbeeren
steifgeschlagene Sahne

Die Traubenbeeren halbieren, entkernen, mit dem Cognac beträufeln und 1 Stunde ziehen lassen.

Eigelb und Zucker schaumig schlagen. Zitronensaft und Zitronenschale beigeben. Gelatine in kaltem Wasser einweichen, ausdrücken und im erwärmten Wein auflösen. Etwas erkalten lassen und zur Eicreme gießen. Eiweiß und Sahne separat steif schlagen und beides unter die Creme ziehen. Die Traubenbeeren samt Cognac daruntermischen. In große Gläser einfüllen und im Kühlschrank fest werden lassen. Kurz vor dem Servieren mit Traubenbeeren und Schlagsahne garnieren.

Verführerische Traubentorte

150 g Butter
275 g Zucker
225 g Mehl
1 gestrichener TL Backpulver
5 Eier
125 g feingeriebene Haselnüsse
1 TL Zimt
1 Prise Salz
1 Zitrone (Saft)
750 g feinhäutige weiße Trauben
2 dl Schlagsahne

Die Butter mit 75 g Zucker schaumig rühren. Das gesiebte Mehl mit dem Backpulver beigeben. 1 Ei und 1 Eigelb unterkneten. Den Teig mit Klarsichtfolie zugedeckt 1 Stunde kalt stellen.

Den Teig ausrollen und eine Springform mit 3 cm hohem Rand damit auslegen. Haselnüsse und Zimt mischen. 4 Eiweiß mit 1 Prise Salz zu steifem Schnee schlagen. 200 g Zucker und 3 Eigelb 2 Minuten kräftig schlagen, den Eischnee vorsichtig darunterheben. Nüsse und Zitronensaft hinzufügen. Zuletzt die gewaschenen und trockengetupften Trauben daruntermischen. Die Eischnee-Trauben-Masse in die Springform einfüllen. Die Torte im vorgeheizten Backofen bei 180 Grad etwa 1 Stunde backen. Mit Schlagsahne servieren.

Eingemachtes Traubenkompott

Trauben nach dem Schälen in 1 l Wasser mit 2 EL Essig legen, damit sie nicht braun werden.

Zitronenschale und Wacholderbeeren in ein Tee-Ei geben und zusammen mit Zucker, Wasser und Zitronensaft aufkochen. 5 Minuten ziehen lassen. Die Trauben abschütten und in Gläser füllen. Den kochendheißen Zuckersud darübergießen. Die Gläser sofort verschließen und 20 Minuten im 90 Grad heißen Wasserbad sterilisieren.

Tip: Dieses Traubenkompott eignet sich als Garnitur zu Salaten, Fischsaucen, Fleisch und Desserts.

1 kg große, feste weiße Traubenbeeren, blanchiert und geschält
500 g Zucker
½ l Wasser
Saft von 2 Zitronen
dünn abgeschälte Schale von 1 Zitrone
5 Wacholderbeeren

Traubengelee mit Minze

Die sauber gewaschenen Weintrauben von den Stielen zupfen und portionsweise im Mixer pürieren. Das Fruchtpüree durch ein gebrühtes Nesseltuch gießen und über Nacht ablaufen lassen.

Den Gelierzucker mit dem Traubensaft vermischen und das Pfefferminzsträußchen dazugeben. In einem Topf unter Rühren zum Kochen bringen. Regelmäßig abschäumen. Die Minze herausnehmen und den Saft noch 4 Minuten leicht weiterköcheln. Heiß in saubere Gläser abfüllen und sofort verschließen.

1 ½ kg blaue und weiße Weintrauben
1 Sträußchen Pfefferminze
1 kg Gelierzucker

Trauben in Cognac

Die Trauben waschen, die Stiele knapp oberhalb der Beeren abschneiden. Die Traubenbeeren auf ein sauberes Tuch zum Trocknen auslegen, danach mit einer Nadel mehrmals einstechen und in trockene Gläser einfüllen. Cognac und Zucker aufrühren, bis sich der Zucker vollständig aufgelöst hat, dann über die Trauben gießen (sie sollten gut bedeckt sein). Vanillestange und Kardamom beigeben und die Gläser verschließen. 6 bis 8 Wochen im Dunkeln stehenlassen; von Zeit zu Zeit schütteln.

Tip: Trauben in Cognac können zusammen mit flüssiger oder geschlagener Sahne serviert werden.

Auf diese Art konservierte Trauben eignen sich auch als Beilage zu Wild oder anderen Fleischgerichten. Dann sollte man allerdings auf die Zugabe von Zucker verzichten.

Ergibt 2 Gläser zu 1 l
1 kg weiße Trauben
7 dl Cognac
300 g Zucker
1 Vanillestange, der Länge nach halbiert
4 Stück Kardamom

Wenn die Eichhörnchen ihre Vorräte teilen würden...

Herbstsalat mit Haselnüssen

Für 4 Personen
150 g Haselnußkerne
100 g Cheddarkäse
400 g Rotkohl
Salz
2 Äpfel
20 Traubenbeeren, halbiert und entkernt
½ Eichblattsalat

Salatsauce
2½ EL Balsamicoessig
1 TL Honig
6 EL Haselnußöl
Salz und Pfeffer

Die Haselnüsse grob hacken und ohne Fettzugabe hellbraun rösten. Den Cheddarkäse in kleine Würfel schneiden. Den Rotkohl vierteln, putzen und ohne Strunk in feine Scheiben schneiden. Leicht salzen. Die Zutaten zur Salatsauce aufrühren und den Rotkohl damit anmachen. Die geputzten, gewaschenen und trockengeschleuderten Salatblätter rosettenartig auf Teller anrichten. In die Mitte den Rotkohlsalat geben.

Die Äpfel schälen, vierteln, entkernen und in Scheiben schneiden. Die Apfelscheiben auf den Rotkohlsalat verteilen, mit den Trauben belegen und mit Käsewürfeln und Haselnüssen bestreuen.

Birnensalat mit karamelisierten Walnüssen

Für 4 Personen
3 Birnen (etwa 400 g)
3 EL Zitronensaft
3 EL Birnendicksaft (Rezept Seite 93)
70 g Walnußhälften
2 Chicorée, geputzt und die Blätter einzeln ausgelöst

Salatsauce
2 EL Weißweinessig
3 EL Walnußöl
1 Prise Salz
Pfeffer aus der Mühle
200 g Ziegenkäse, in dünne Scheiben geschnitten

Die Birnen schälen, achteln und die Kerngehäuse herausschneiden. Die Spalten mit Zitronensaft beträufeln.

Den Birnendicksaft erwärmen und die Birnenspalten darin auf jeder Seite 2 Minuten erhitzen. Die Birnen herausnehmen und die Walnußhälften in den Saft geben. So lange kochen, bis sie rundherum vom eingedickten Saft umhüllt sind.

Den Chicoréesalat anrichten. Die Zutaten zur Salatsauce aufrühren und die Chicoréeblätter damit beträufeln. Die Birnenspalten und die Nüsse sowie den Ziegenkäse darüber verteilen.

Haselnuss-Suppe

Die Eier 9 Minuten kochen, mit kaltem Wasser abschrecken und schälen. Eigelb und Eiweiß trennen. Haselnüsse, Eigelb und 2 bis 3 dl Gemüsefond zu einer homogenen Paste mixen. Den restlichen Gemüsefond aufkochen, abschmecken, die Sahne beigeben und einkochen lassen. Kurz vor dem Servieren die Haselnuß-Eigelb-Paste mit dem Schneebesen einrühren. Die Suppe unter stetem Rühren knapp vor das Kochen bringen. In vorgewärmte Teller oder Tassen anrichten und jede Portion mit einer Sahnerosette und einer Haselnuß garnieren.

Tip: Diese Suppe kann auch mit Walnußkernen anstelle der Haselnüsse zubereitet werden.

Das nicht verwendete gekochte Eiweiß eignet sich als Garnitur für Salate.

FÜR 4 PERSONEN
200 g leicht geröstete Haselnüsse, fein gerieben
4 Eier
6 dl Gemüsefond
2 dl Sahne
Salz und Pfeffer
4 TL geschlagene Sahne
4 ganze Haselnüsse

Walnuss-Grünkern-Suppe

Die Zwiebeln in einem flachen Topf in 40 g Butter glasig dünsten. Grünkernschrot unterrühren und mitrösten. Die Hälfte der Walnußkerne mahlen und unter den Grünkernschrot mischen. Mit Gemüsebrühe auffüllen und zugedeckt 15 Minuten köcheln lassen.

Inzwischen die übrigen Walnußkerne grob zerbrechen. Zucchini waschen, putzen und in feine Scheiben schneiden. Die geputzten und in Scheiben geschnittenen Pfifferlinge sowie die Zucchinischeiben in der restlichen Butter braten. Die Nüsse dazugeben, leicht salzen und warm halten. Die Suppe abschmecken und mit gehackter Petersilie und Crème fraîche abbinden. In vorgewärmte Teller anrichten und die Gemüse-Nuß-Mischung in die Mitte geben.

FÜR 4 PERSONEN
60 g gehackte Zwiebeln
60 g Butter
80 g Grünkernschrot
100 g Walnußkerne
1 l Gemüsebrühe
200 g Zucchini
100 g Pfifferlinge
Salz
1 Bund Petersilie, fein gehackt
100 g Crème fraîche

Haselnussnudeln

Für 4 Personen als Beilage
200 g Roggenmehl, sehr fein gemahlen
100 g Hartweizenmehl
150 g geröstete Haselnüsse, fein gemahlen
½ TL Salz
3 Eier
1 Eigelb
1½ EL Olivenöl

Mehl, Haselnüsse und Salz gut vermischen und auf eine glatte Arbeitsfläche häufen. In die Mitte eine Mulde drücken und die aufgeschlagenen Eier, das Eigelb und das Olivenöl hineingeben. Das Mehl vom Rand her mit den anderen Zutaten zu einem geschmeidigen Teig verarbeiten. Diesen zu einer Kugel formen und nochmals 5 Minuten gut durcharbeiten, bis er glatt und elastisch ist. Eventuell 1 bis 2 EL Wasser beigeben. Falls der Teig zu naß ist, etwas Mehl hinzufügen. Anschließend in einem Plastikbeutel an der Kühle 1 Stunde ruhen lassen. Den Teig durch die Nudelmaschine drehen. Die Nudeln in viel Wasser, das leicht gesalzen und mit ½ EL Olivenöl angereichert wurde, sprudelnd al dente kochen.

Tip: Haselnußnudeln schmecken ausgezeichnet zu Pilzgerichten. Anstelle von Haselnüssen können auch feingemahlene geröstete Walnüsse verwendet werden.

Haselnuss-Kürbis-Torte mit Oliven*

Ergibt 6 Portionen
250 g Haselnüsse, gemahlen
150 g feines Weizenschrot
5 Eigelb
150 g Butter
Salz
1 TL Honig
500 g Kürbis
25 g ungehärtetes Kokosfett
Pfeffer aus der Mühle
1 Bund Thymian
100 g schwarze Oliven, entsteint und grob gehackt
150 g Sahne
100 g Crème fraîche
1 Ei
30 g geriebener Sbrinz- oder Parmesankäse
2 Knoblauchzehen, gehackt

100 g Haselnüsse mit dem Weizenschrot, 3 Eigelb, 100 g Butterflöckchen, einer Prise Salz und dem Honig verkneten. Den Teig 1 Stunde an der Kühle ruhen lassen. Eine Tarte-Form von 28 cm Durchmesser mit dem Teig auskleiden, mehrfach einstechen und kühl stellen. Den Kürbis grob raffeln und im heißen Kokosfett kurz anbraten. Mit Salz, Pfeffer und Thymian würzen. Abkühlen lassen. Kürbis und Oliven auf dem Teig verteilen und mit 75 g Haselnüssen bestreuen.

Sahne, Crème fraîche, 2 Eigelb, Ei, Käse und Salz miteinander verrühren. Dieses Gemisch über die Torte gießen. Im vorgeheizten Backofen bei 170 Grad während 40 Minuten backen. Die restlichen Haselnüsse in 50 g Butter rösten. Mit dem gehackten Knoblauch vor dem Servieren über die Torte verteilen.

Haselnussrisotto mit Lauchgemüse*

Die Sultaninen in Wasser einweichen. Den Lauch putzen, der Länge nach halbieren und in Streifen schneiden. In einem flachen Topf Butter und Haselnußöl erwärmen. Den Reis glasig anziehen. Die gehackten Zwiebeln und den Knoblauch beigeben und dünsten, ohne Farbe zu geben. Mit Weißwein und Gemüsebrühe ablöschen, mit etwas Salz und Pfeffer würzen. Zugedeckt 15 Minuten quellen lassen. Die Lauchstreifen in siedendem Wasser kurz blanchieren. Sofort mit kaltem Wasser abspülen und gut abtropfen lassen. Den Lauch, die Haselnußkerne und die abgetropften Sultaninen in den Risotto geben und nochmals 10 Minuten ziehen lassen. Zum Schluß die Sahne dazugeben.

Für 4 Personen
250 g Vialone-Reis
40 g Butter
2 EL Haselnußöl
1 Zwiebel, fein gehackt
1 Knoblauchzehe, fein gehackt
2 dl Weißwein
7 dl Gemüsebrühe
Salz und Pfeffer
80 g geröstete Haselnußkerne, grob gehackt
30 g Sultaninen
350 g Lauch
1 dl Sahne

Walnusspudding mit Quittenkonfekt und Zimtsabayon

Die Butter in einer Pfanne zergehen lassen. Das Mehl dazugeben und die warme Milch langsam einrühren. Unter ständigem Rühren aufkochen, Pfanne sofort vom Herd nehmen, Eigelb und Walnüsse beigeben. Das Eiweiß mit dem Zucker zu Schnee schlagen und sorgfältig unter die Masse ziehen. In 4 Souffléförmchen einfüllen, die zuvor mit Butter ausgestrichen und mit etwas gemahlenen Nüssen ausgestreut wurden. Im vorgeheizten Ofen im Wasserbad bei 200 Grad 25 bis 30 Minuten backen.

Für das Zimtsabayon alle Zutaten mischen und über dem Wasserdampf heiß aufschlagen, bis die Masse cremig-luftig ist. Den Pudding aus den Formen stürzen und auf Teller anrichten. Auf der einen Seite mit Quittenkonfekt und Preiselbeeren umlegen, auf der anderen Seite mit dem Sabayon begießen. Die Teller mit etwas Zimtpulver bestreuen und mit je einem Minzeblättchen ausgarnieren.

Für 4 Personen
20 g Butter
20 g Mehl
2 dl Milch
3 Eier, getrennt
70 g Walnüsse, grob gehackt
50 g Zucker
12 Stück Quittenkonfekt (Rezept Seite 98)
60 g süß-sauer eingemachte Preiselbeeren (Rezept Seite 42)
Butter und gemahlene Nüsse für die Formen

Zimtsabayon
1,2 dl Riesling
4 Eigelb
30 g Zucker
1 Prise Zimtpulver
½ Zitrone (fein abgeriebene Schale)

Garnitur
Zimtpulver
Minzeblättchen

WALNUSSPARFAIT

Für 12 Personen
- 12 Eigelb
- 8 Eiweiß
- ½ dl Wasser
- 390 g Zucker
- 10 g Kakaopulver
- 50 g Walnüsse, grob gehackt
- 1 l Sahne, steif geschlagen

Eigelb und 120 g Zucker schaumig rühren. Eiweiß mit 170 g Zucker zu Schnee schlagen. Wasser und 100 g Zucker auf die Hälfte einkochen, leicht auskühlen lassen und das Kakaopulver und die gehackten Nüsse dazugeben. Gut abgekühlt mit der Eigelb-Zucker-Masse vermengen. Zuletzt den Eischnee und die geschlagene Sahne darunterziehen. In vorgekühlte Formen einfüllen und etwa 5 bis 6 Stunden gefrieren lassen.

HASELNUSS-BISKUITROULADE

100 g Nüsse hobeln. Das Backblech fetten und mit Backtrennpapier belegen.

Eigelb mit 100 g Honig und 3 EL warmem Wasser während 7 Minuten dickschaumig aufschlagen. Das Eiweiß zu Schnee schlagen. Abwechslungsweise Mehl und Eischnee unter die Eigelbmasse mengen. Sofort auf das Backtrennpapier gießen und 1 cm dick ausstreichen. Die gehobelten Nüsse gleichmäßig darüberstreuen und das Biskuit im vorgeheizten Backofen bei 200 Grad etwa 10 bis 12 Minuten backen. Auf ein Tuch stürzen, das Papier abziehen, das Biskuit mit Hilfe des Tuchs einrollen und abkühlen lassen.

Die restlichen Nüsse rösten, abreiben und mahlen. Die Orangen schälen, filetieren und in Würfel schneiden. Die Sahne mit dem restlichen Honig steif schlagen. Nüsse, Likör und Orangenwürfel unterziehen. Das Biskuit entrollen, mit der Füllung bestreichen und wieder aufrollen. In Folie einschlagen, 2 Stunden durchkühlen lassen und servieren.

250 g Haselnußkerne
4 Eier, getrennt
125 g Honig
140 g Weizenvollkornmehl, fein gemahlen
2 Orangen
4 dl Schlagsahne
2 EL Orangenlikör

WALNUSS-SCHOKOLADEN-TORTE

Butter, Zucker und Kakaopulver schaumig rühren und die Eier nach und nach einarbeiten. Das gesiebte Mehl zusammen mit dem Backpulver untermischen und zuletzt die Nüsse beigeben. In eine gebutterte Springform von 24 cm Durchmesser einfüllen und etwa 50 Minuten bei 180 Grad backen. Das abgekühlte Biskuit zweimal quer durchschneiden, die 3 Scheiben mit Maraschino oder Kirsch beträufeln und dann kühl stellen.

Für die Füllung die Sahne erwärmen, die Schokolade darin schmelzen lassen, den Vanillezucker beigeben. Die Creme kühl stellen, bis sie streichfähig ist. 2 Biskuitscheiben dünn mit der Füllung bestreichen und aufeinandersetzen. Die dritte Scheibe ebenfalls aufsetzen. Die Torte rundum mit der restlichen Füllung bestreichen und mit Kakaopulver bestreuen. Mit Nußkernen verzieren und kühl servieren.

250 g Butter
200 g Zucker
50 g Kakaopulver
4 Eier
200 g Mehl
1 Päckchen Backpulver
250 g frische Walnüsse, gehackt
1 EL Maraschino oder Kirsch

FÜLLUNG
1½ dl Sahne
200 g dunkle Blockschokolade
1 bis 1½ EL Vanillezucker
2 EL Kakaopulver
16 halbe Walnußkerne

Die Edelkastanie

Castanea sativa

Die Edelkastanie gehört zur Familie der Buchengewächse. Der Baum wird bis zu 35 m hoch. Die älter werdende Rinde des Stammes bildet tiefe Risse. Die Blätter sind lanzettlich, gestielt, am Rande stachelig gezähnt. Die Blüten stehen in kleinen Knäueln vereinigt in großer Anzahl auf Spindeln. Blütezeit: Mai bis Juni. Je 2 bis 3 von einer braunen Schale umgebene Früchte sind in eine vierklappige, außen mit weichen Stacheln besetzte Hülle eingeschlossen. Fruchtreife: Oktober.

Man findet die Edelkastanie in großen Beständen im Mittelmeergebiet, im Tessin und im Bergell in Wäldern. Nördlich der Alpen kommt sie nur vereinzelt in Gebieten mit besonders mildem Klima vor. Zur Verwendung kommen die braunen Früchte, die wir als Kastanien oder Maronen kennen. Sie sind nur gekocht genießbar.

Die Kastanie gehörte noch im letzten Jahrhundert im Kanton Tessin wie Hirse und Mais zu den Grundnahrungsmitteln. Das Sammeln war jedermann erlaubt und brachte in manchen Speisezettel eine willkommene Abwechslung.

Wie vom Jahrmarkt
GERÖSTETE KASTANIEN

Die Kastanien mit einem spitzen Messer auf der flachen Seite kreuzweise einritzen. In eine Gußpfanne geben und im vorgeheizten Backofen bei 200 Grad etwa 10 Minuten rösten. Die Pfanne immer wieder rütteln.

Tip: Geröstete Kastanien schmecken ausgezeichnet zu Wein oder vergorenem Apfelsaft.

1 kg Kastanien

KASTANIENTERRINE MIT HAGEBUTTEN

Die Schalotten in Butter andünsten, erkalten lassen und mit dem Weißbrot in eine Schüssel geben. Das Eiweiß mit der Sahne verrühren, mit Salz, Pfeffer und Ingwer würzen und über Schalotten und Brot gießen. Zugedeckt im Kühlschrank über Nacht ziehen lassen.

Das zuvor leicht angefrorene Kalbfleisch, die gekühlte Eiweißmasse und das Kastanienpüree zusammen im Cutter fein pürieren und anschließend durch ein Sieb streichen. Die Kastanienwürfel mit den Hagebutten und der geschlagenen Sahne unter die kalte Masse mengen. Alles in eine gebutterte Terrinenform füllen, zudecken und in ein Wasserbad stellen. Im vorgeheizten Backofen bei 80 Grad etwa 45 bis 50 Minuten garen.

Die Terrine erkalten lassen und mit Hagebuttenmarmelade, die nach Belieben mit etwas Rotwein, Rotweinessig und Cayennepfeffer abgeschmeckt wird, servieren. Auf Wunsch mit halbierten Traubenbeeren ausgarnieren.

FÜR EINE FORM VON 1,2 L INHALT
350 g mageres Kalbfleisch, in feine Streifen geschnitten
1 EL Butter
50 g Schalotten, gehackt
80 g Weißbrot ohne Rinde, gewürfelt
3 Eiweiß
4 EL Sahne
½ TL Salz
Pfeffer
1 Prise Ingwerpulver
200 g Kastanienpüree
100 g gekochte Kastanien, geschält und in kleine Würfel geschnitten
50 g Hagebutten süß-sauer (siehe «Sommer in der Küche»)
1 dl Sahne, steif geschlagen
1 dl Hagebuttenmarmelade (siehe «Sommer in der Küche»)
Traubenbeeren nach Belieben

Kastaniensuppe mit Vogelmiere

Für 4 Personen
500 g frische Kastanien
1 kleine Räucherspeckschwarte
7 dl Hühnerbouillon
Salz und Pfeffer
1½ dl Sahne
1 Eigelb
100 g Weißbrotwürfel ohne Rinde
30 g Butter
1 Handvoll Vogelmiere, gewaschen und grob geschnitten

Die Kastanien kreuzweise einritzen und zusammen mit der Speckschwarte in Wasser weich kochen. Anschließend schälen und mit etwas Speckwasser und Hühnerbouillon im Mixer fein pürieren. Die restliche Hühnerbouillon aufkochen, das Püree einrühren, aufkochen lassen und mit Salz und Pfeffer abschmecken. Das mit Sahne verquirlte Eigelb einlaufen lassen, die Suppe jedoch nicht mehr kochen. Die Weißbrotwürfel in Butter braun rösten. Vogelmiere und Weißbrotwürfel über die angerichtete Suppe streuen und sofort servieren.

Gesalzene Kastanienkroketten

Die Kastanien in Wasser 20 Minuten weich kochen. Abseihen und durch ein Passiersieb drehen. Die Milch mit Butter, Weißbrotbröseln, Zwiebel, Lorbeerblatt, Nelken, Salz und Pfeffer in einer Schüssel vermischen und im Wasserbad 10 Minuten erhitzen, dabei gelegentlich umrühren. Das Lorbeerblatt und die Nelken entfernen, das Kastanienpüree mit einem verquirlten Ei gut vermengen. Die Masse in einen Spritzbeutel einfüllen und mit der Lochtülle 3 cm lange Stangen spritzen. Auskühlen lassen. Aus den Stangen Kroketten oder walnußgroße Kugeln formen. Das zweite verquirlte Ei mit Salz würzen und die Kroketten hineintauchen. In den Semmelbröseln wenden und in 180 Grad heißem Öl fritieren. Immer nur wenige Kroketten gleichzeitig in das Öl legen, damit die Temperatur nicht zu stark absinkt. Die fertigen Kroketten mit einem Schaumlöffel aus dem Öl heben und auf Küchenkrepp abtropfen lassen. Sehr heiß servieren.

Tip: Gesalzene Kastanienkroketten passen ausgezeichnet zu einem Aperitif!

500 g geschälte Kastanien
¼ l Milch
15 g Butter
90 g frische Weißbrotbrösel
1 TL geriebene Zwiebel
1 Lorbeerblatt
4 Nelken
Salz und Pfeffer
2 Eier, einzeln verquirlt
70 g Semmelbrösel
Öl zum Ausbacken

Süsse Kastanienkroketten

Süße Kastanienkroketten werden gleich zubereitet wie gesalzene (siehe oben). Anstelle von Zwiebeln, Gewürzen und Salz verwendet man Vanillemark, Zucker, Orangen- und Zitronenschale. Die fertig gebackenen Kroketten werden mit Kristallzucker bestreut und zu Dessertwein, Malaga oder Portwein serviert.

500 g geschälte Kastanien
¼ l Milch
15 g Butter
½ Vanillestange, das Mark ausgekratzt
130 g Zucker
je ½ Orange und Zitrone (Schale fein abgerieben)
90 g Biskuitbrösel
2 Eier, einzeln verquirlt
70 g weiße Semmelbrösel
Öl zum Ausbacken
Kristallzucker zum Bestreuen

Kastanieneintopf mit Speck und Wirsing

Für 6 Personen
1 kg frische Kastanien
Salz
800 g Wirsing
60 g gehackte Zwiebeln
40 g Schweineschmalz oder Entenfett
1,2 l Bouillon
800 g geräucherter Speck

Die Kastanien kreuzweise einritzen und in leicht gesalzenem Wasser 15 Minuten kochen. Danach sofort kalt abbrausen, schälen und die braunen Häutchen entfernen.

Den Wirsing ohne Strunk in etwa 3x3 cm große Stücke schneiden. Die Zwiebeln kurz in Fett dünsten, den Wirsing dazugeben und mit Bouillon ablöschen. Aufkochen, den Speck hineingeben und alles etwa 1 Stunde zugedeckt schmoren lassen. Nun die Kastanien beigeben und das Ganze weitere 40 Minuten halb zugedeckt schmoren. Kastanien und Wirsing müssen stets mit Flüssigkeit bedeckt sein (eventuell etwas Bouillon nachgießen).

Nach Ende der Kochzeit den Speck in Scheiben schneiden und das Gericht im Topf servieren.

Eingemachte Kastanien in Sirup

3 kg Kastanien (geschält)
8 dl Wasser
1 kg Zucker
1 kleine Spalte Sellerie

Die Kastanien an ihrer Stirnseite leicht einritzen und nebeneinander auf ein Blech legen. Bei 175 Grad im Backofen 10 Minuten braten, bis die Schale leicht aufspringt. Danach aus dem Ofen nehmen und schälen, also die äußere braune und die innere feine Schale entfernen.

Die Kastanien in Gläser einschichten. Den Zucker in einem passenden Topf braun karamelisieren. Mit Wasser ablöschen, den Sellerie beigeben und kochen lassen, bis sich der Zucker aufgelöst hat. Das kochende Zuckerwasser ohne den Sellerie zu den Früchten geben und die Gläser gut verschließen. Im Wasserbad bei 95 Grad etwa 25 Minuten pasteurisieren.

Tip: Der Sellerie nimmt dem Sud den starken Zuckergeschmack. Sie können zusätzlich eine Vanillestange beigeben, was den Kastanien ein herrliches Aroma verleiht.

Kastanienkuchen

Mehl, Butter und Puderzucker in der Hand fein zerreiben. 2 Eigelb unter die geriebene Masse geben und alles zu einem Teig kneten. Mit Frischhaltefolie abdecken und 1 Stunde im Kühlschrank ruhen lassen.

Für die Füllung die Kastanien in Milch weich dünsten, noch heiß pürieren und durch ein feines Sieb streichen. Butter und Zucker cremig rühren. Eigelb, Vanillezucker, Zimt und Zitronenschale unter das Kastanienpüree mischen. Zuletzt das steifgeschlagene Eiweiß locker darunterheben. Eine runde Backform mit dem ausgerollten Teig auslegen. Mit einer Gabel mehrmals einstechen und das Kastanienpüree einfüllen. Den Kuchen im vorgeheizten Backofen bei 170 Grad 1 Stunde backen. Nach dem Erkalten mit Kirschwasser beträufeln und mit Schlagsahne garnieren.

Für eine Springform von 24 cm Durchmesser

Teig
250 g Mehl
150 g Butter
100 g gesiebter Puderzucker
2 Eigelb

Füllung
750 g geschälte Kastanien
1½ dl Milch
200 g Butter
200 g Zucker
3 Eigelb
1 Päckchen Vanillezucker
1 TL Zimtpulver
1 Zitrone, Schale fein abgerieben
5 Eiweiß, steif geschlagen

20 g Kirschwasser
1½ dl geschlagene Sahne

Kastanienkugeln nach Grossmutters Rezept

100 g dunkle Schokolade
2 EL Doppelrahm
30 g Butter
150 g Kastanienpüree
75 g Puderzucker
1 TL lösliches Kaffeepulver
60 g dunkle Schokoladenstreusel

Die Schokolade zusammen mit dem Doppelrahm und der Butter im Wasserbad schmelzen. So lange rühren, bis eine glatte, geschmeidige Masse entsteht. Den Topf aus dem Wasser nehmen und den gesiebten Puderzucker, das Kaffeepulver und das Kastanienpüree hineinrühren. Danach die Masse für 24 Stunden in den Kühlschrank stellen. Mit dem Pariserlöffel kleine Kugeln abdrehen und in Schokoladenstreusel wälzen. Die Kastanienkugeln in Pralinenkapseln füllen und gut gekühlt servieren.

Tip: Kastanienkugeln sollten nicht länger als 1 bis 2 Tage aufbewahrt werden.

Kastanienparfait

Die Milch mit der Vanillestange aufkochen. Zucker und Eigelb verrühren, unter die heiße Milch rühren und cremig kochen. In eine Schüssel gießen, die Vanillestange herausnehmen und die Creme rühren, bis sie kalt ist. Kastanienpüree und Rum daruntermischen. Den gesüßten Eischnee mit der Schlagsahne unter die Kastaniencreme heben und sofort in vorgekühlte Formen füllen. Für 5 bis 6 Stunden in den Kühlschrank stellen. Das Parfait stürzen und nach Belieben garnieren.

Für 10 Personen
3 dl Milch
1 Vanillestange
6 Eigelb
200 g Zucker
220 g Kastanienpüree
25 g brauner Rum
3 Eiweiß, mit
4 EL Zucker steif geschlagen
5 dl geschlagene Sahne

Kastanienmarmelade mit Kirsch

Die Kastanien mit einem Messer kreuzweise einritzen. In einen Kochtopf legen, mit Wasser bedecken und 10 Minuten kochen. Die Kastanien abschütten, schälen und von der Haut befreien. Nun nochmals in den Kochtopf geben, mit frischem Wasser bedecken und etwa 40 Minuten auf kleinem Feuer weich kochen. Das Wasser abgießen und die Kastanien durch ein feines Sieb streichen. Den Zucker in einem Topf leicht karamelisieren. Mit 1 l Wasser ablöschen und so lange kochen lassen, bis sich der Zucker vollständig aufgelöst hat. Das Kastanienpüree mit dem Vanillezucker mischen und alles bei niedriger Temperatur etwa 15 Minuten um rund ein Viertel einkochen lassen. Den Kirsch unterrühren, die Marmelade sofort in vorgewärmte Gläser füllen und verschließen.

Ergibt etwa 2½ kg
1,6 kg Kastanien
1 kg Zucker
1½ TL Vanillezucker
35 g Kirschwasser

Weinbrandkastanien mit Vanille

Die Kastanien vorbereiten wie für «Eingemachte Kastanien in Sirup» (Rezept Seite 114). Zucker, Vanillestange, Wasser und Zitronensaft zusammen 1 Minute kochen. Die Kastanien dazugeben und im Sud abkühlen lassen.

Am nächsten Tag den Saft wieder aufkochen und die Kastanien dazugeben. Alles nochmals aufkochen lassen und den Topf beiseite stellen. Mit Weinbrand übergießen, in Gläser füllen und gut verschließen.

1 kg geschälte Kastanien
375 g Zucker
1 Vanillestange, der Länge nach halbiert
175 g Wasser
1 Zitrone (Saft)
1 dl Weinbrand

NOVEMBER

GEDANKEN

Die Tage ruhen im Nebel. Der Schleier der Dunkelheit versucht, die Schwermut auszustreuen. Die Nächte werden länger. Es wird kälter und stiller.

Auch für uns ist die Zeit der Besinnung gekommen. Die Stimmung fordert uns auf, in uns zu kehren, zu meditieren, zu danken und uns über das Verflossene und Gewesene zu freuen.

Äpfel und Birnen, Zwetschgen und Quitten sind gepflückt und verarbeitet. Die Bäume, an denen sie blühten und reiften, sind kahl geworden. Doch die Früchte, die wir liebevoll eingemacht haben, erinnern uns an goldene Herbsttage.

Öffnen wir unsere Herzen, lassen wir in dieser ruhigen Zeit die spärlichen Sonnenstrahlen auf uns einwirken. Vergessen wir aber nicht, auch selbst Wärme und Licht auszustrahlen!

O trübe diese Tage nicht,
Sie sind der letzte Sonnenschein,
Wie lange, und es lischt das Licht,
Und unser Winter bricht herein.

Dies ist die Zeit, wo jeder Tag
Viel Tage gilt in seinem Wert,
Weil man's nicht mehr erhoffen mag,
Daß so die Stunde wiederkehrt.

Die Flut des Lebens ist dahin,
Es ebbt in seinem Stolz und Reiz,
Und sieh, es schleicht in unsern Sinn
Ein banger, nie gekannter Geiz;

Ein süßer Geiz, der Stunden zählt
Und jede prüft auf ihren Glanz,
O sorge, daß uns keine fehlt,
Und gönn' uns jede Stunde ganz.

THEODOR FONTANE

DIE FEIGE, DAS KÖNIGLICHE GESCHENK

Im alten Rom gehörten die Feigen zu den Gaben, die man sich am Feste Janus gegenseitig schenkte, um anzudeuten, daß im neuen Jahr kein trauriges Ereignis erlebt werden möge. Dieser Brauch ist bei den Christen bis zum heutigen Tag lebendig geblieben. Deshalb bringt St. Nikolaus nicht nur Nüsse, Äpfel und Mandarinen, sondern auch getrocknete Feigen. Den Juden war der Feigenbaum heilig. Unter ihm verrichteten sie ihre Gebete.

Bei uns gedeiht der Feigenbaum nur an äußerst milden Lagen. Dort, wo sich der Frost nicht zu stark auswirkt, findet man auch Feigenbüsche. Die reichlich Phosphor, Kalzium und Spurenelemente enthaltenden Früchte mit ihrem hohen Vitamin-C-Gehalt können frisch und getrocknet genossen werden. Feigen regeln die Verdauung und wirken blutreinigend.

Geschmortes Perlhuhn mit Feigen

Das Olivenöl in einem Schmortopf erwärmen. Zwiebeln, Karotten und Lauch 5 Minuten darin dünsten. Das Gemüse aus dem Topf nehmen und etwas auskühlen lassen. Mit Feigen- und Apfelwürfeln vermischen und das Perlhuhn damit füllen. Das Huhn binden, salzen und in den Schmortopf legen. Mit etwas Olivenöl einpinseln und zugedeckt im Ofen bei hoher Temperatur 5 Minuten anbraten. Die Temperatur reduzieren und das Perlhuhn 20 Minuten schmoren. Das Mehl in den Topf streuen und anschwitzen. Danach den Apfelwein und die Tomaten hinzufügen, alles gut aufrühren und zugedeckt etwa 30 Minuten weiterschmoren. Wenn nötig etwas Bouillon beigeben. Das Perlhuhn aus dem Topf heben, die Füllung aus der Bauchhöhle nehmen und zur Sauce in den Topf geben. Das Perlhuhn warm stellen. Die Sauce kurz aufkochen, durchrühren, im Mixer fein pürieren und in einem kleinen Topf nochmals aufkochen.

Für die Garnitur die Feigenscheiben in Mehl und Ei wenden und im heißen Öl kurz braten. Leicht salzen.

Das Perlhuhn in Portionenstücke schneiden. Die Sauce auf vorgewärmte Teller verteilen, die Perlhuhnstücke darauf anrichten und mit den gebratenen Feigen garnieren.

Für 4 Personen
1 Perlhuhn
2 frische Feigen, geschält und in kleine Würfel geschnitten
1 Boskop-Apfel, geschält, entkernt und in große Stücke geschnitten
½ dl Olivenöl
1 kleine Karotte und 1 Zwiebel, beides fein gehackt
½ weißer Lauch, in kleine Würfel geschnitten
Salz
1 EL Mehl
1 dl Apfelwein
Bouillon nach Bedarf
250 g Tomaten, geschält, entkernt und gehackt

Garnitur
2 frische Feigen, geschält und in dünne Scheiben geschnitten
1 Ei, geschlagen
Mehl
Öl zum Braten

Feigenrollen

Teig
250 g Mehl
½ TL Salz
10 g Hefe
1½ dl handwarme Milch
50 g Butter

Füllung
150 g getrocknete Feigen
50 g Rosinen
50 g Dörrpflaumen (ohne Stein)
100 g gehackte Walnüsse
½ dl Milch

Das Mehl zu einem Kranz formen und das Salz am Rand darüberstreuen. Die Hefe in der lauwarmen Milch auflösen. Die Butter in einer Pfanne zum Schmelzen bringen, aber nicht erhitzen. Milch, Hefe und Butter in den Mehlkranz geben. Das Mehl nach und nach mit der Flüssigkeit verrühren. Den Teig kneten, bis er glatt ist. Mit einem feuchten Tuch bedeckt an einem warmen Ort um das Doppelte gehen lassen.

In der Zwischenzeit die Dörrfrüchte sehr fein hacken und mit den Nüssen mischen. Den Teig 3 mm dick ausrollen und in 6 x 6 cm große Stücke schneiden. Etwa 1 TL Füllung auf jedem Teigstück ausstreichen. Zwei gegenüberliegende Ränder mit Wasser bepinseln. Die Teigstücke aufrollen, auf ein gefettetes Blech legen und 10 Minuten gehen lassen. Danach mit Milch bestreichen und mit je zwei schrägen Einschnitten versehen. Im vorgeheizten Backofen bei 220 Grad 30 Minuten backen.

Feigengratin mit Kastanienpüree

Für 4 Personen
2 bis 3 Scheiben dunkles Brot, etwa ½ cm dick, ohne Rinde
4 frische Feigen
1 Zitrone (Saft)
2 EL Birnendicksaft (Rezept Seite 93)
50 g Portwein
120 g Kastanienpüree
200 g frische Herbst-Himbeeren (ersatzweise gefrorene), durch ein Sieb gestrichen
2 Eigelb
40 g Zucker
1 dl geschlagene Sahne
Puderzucker zum Bestreuen

Die Brotscheiben zurechtschneiden und eine feuerfeste Form damit auslegen. Die Feigen schälen und in Scheiben schneiden, dann mit Zitronensaft, Birnendicksaft und Portwein vermengt 1 bis 1½ Stunden marinieren.

Das Brot mit der Marinade beträufeln und mit Kastanienpüree bestreichen. Mit den Feigenscheiben belegen und mit Himbeermark überziehen. Eigelb und Zucker schaumig rühren und die geschlagene Sahne darunterziehen. Die Mischung mit einem Spachtel auf die Feigen streichen. Im vorgeheizten Backofen bei starker Oberhitze überbacken. Vor dem Servieren mit Puderzucker bestreuen.

Feigenmarmelade mit Birnen und Orangen

Von einer Orange die Schale dünn abschälen und fein hacken. Dann alle 3 Orangen schälen und entkernen und das Fruchtfleisch in feine Scheiben schneiden. Feigen und Birnen grob würfeln und zusammen mit den Orangen in einen Topf geben. Orangenschale, Rotwein, Vanillestange und Gelierzucker beifügen. Unter häufigem Rühren langsam zum Siedepunkt bringen. 3 bis 4 Minuten köcheln lassen. Die Vanillestange entfernen und die Marmelade in saubere, vorgewärmte Gläser abfüllen. Sofort verschließen.

2 kg frische Feigen, geschält
2 kg Birnen, geschält und entkernt
3 Orangen
2 dl Rotwein
1 Vanillestange, der Länge nach halbiert
3½ kg Gelierzucker

Eingelegte Feigen mit Vanille

Von jeder Feige sorgfältig 3 bis 4 Streifen Haut von oben nach unten abziehen. Zucker, Wasser und Vanille zusammen aufkochen. Die Feigen einzeln hinzufügen, damit die Flüssigkeit immer kocht. Ohne Deckel bei niedrigster Temperatur 20 bis 30 Minuten köcheln, bis die Feigen weich und durchsichtig sind. Die Vanilleschote herausnehmen. Die Feigen noch heiß in Gläser abfüllen und mit dem Sirup bedecken. Die Gläser sofort verschließen und im Wasserbad 20 Minuten bei 85 Grad pasteurisieren.

Tip: Anstelle von Wasser können Sie auch kräftigen Rotwein und zusätzlich 1 Zimtstange und 4 Nelken verwenden.

1½ kg nicht zu reife Feigen
1 kg Zucker
½ l Wasser
1 Vanillestange, der Länge nach aufgeschnitten

Feigen in Portwein mit Sabayon

Die Feigen vierteln (unten nicht ganz durchtrennen) und in eine flache Schüssel stellen. Portwein, Honig und Zitronensaft gut verrühren und die Feigen damit beträufeln. Zugedeckt 3 bis 4 Stunden marinieren. Danach in passende Schalen anrichten. Ei, Eigelb, Zucker, Weißwein und Portwein im heißen Wasserbad schaumig aufschlagen. Das Sabayon über die Feigen geben und sofort servieren.

FÜR 4 PERSONEN
8 frische Feigen
1 dl Portwein
2 EL Honig
½ Zitrone (Saft)

SABAYON
1 Ei
1 Eigelb
1½ EL Zucker
½ dl Weißwein
2 EL Portwein

KAFFEE EINMAL ANDERS!

Früchte und Wurzeln als Kaffee-Ersatz wurden vor allem in Krisen- und Kriegszeiten in großen Mengen verbraucht. Wenn auch die meisten dieser Pflanzen im Geschmack dem Bohnenkaffee nur wenig ähneln, so können sie doch einen Ersatz für diesen bilden. In vielen Fällen ist zweifelsohne der Kaffee-Ersatz der Gesundheit zuträglicher als echter Bohnenkaffee. Einen großen Einfluß auf Aroma und Geschmack des Kaffee-Ersatzes hat die Art des Röstens, die von Fall zu Fall ausprobiert werden muß.
Als Kaffee-Ersatz eignen sich die Früchte der Eberesche, die geschälten Früchte der Eiche oder die in kleine Stücke zerschnittenen Wurzeln des Löwenzahns. Löwenzahnwurzeln sollten im August gesammelt werden, da sie zu dieser Zeit hochgradige Wirkstoffe besitzen, zum Beispiel Inulin.

Ebereschenkaffee
Löwenzahnwurzelkaffee

Es empfiehlt sich, das zu röstende Gut in einer emaillierten Kasserolle in den 200 Grad warmen Backofen zu stellen. Die Masse von Zeit zu Zeit umrühren, so daß die Röstung langsam und gleichmäßig erfolgt.

Die gerösteten Früchte oder Wurzeln gut auskühlen und trocknen lassen und in hermetisch verschlossenen Dosen aufbewahren. Bei Bedarf mahlen und wie Bohnenkaffee aufbrühen.

Eichelkaffee (1)

Frisch gesammelte, reife Eicheln aus den becherartigen Hüllen ausbrechen und schälen. Die Eicheln in eine weite, etwa 4 cm hohe emaillierte Kasserolle oder in einen Bräter geben und zugedeckt im Ofen bei 200 Grad unter häufigem Wenden rösten, bis sie dunkelbraun und trocken sind. Nach dem Erkalten in Dosen füllen. Vor Gebrauch in einer Kaffeemühle mahlen und wie Bohnenkaffee aufbrühen. Eichelkaffee muß etwas länger ziehen als Bohnenkaffee.

Eichelkaffee (2)

Frisch gesammelte, reife Eicheln aus den becherartigen Hüllen ausbrechen und mehrmals wässern, dabei die obenauf schwimmenden Früchte entfernen. Abtrocknen, auf einem Backblech ausbreiten und bei 200 Grad im Backofen erwärmen, bis sich die Schalen leicht entfernen lassen. Die geschälten Eicheln fein zerschneiden und 1- bis 2mal mit heißem Wasser überbrühen, welches man jedesmal mit den Eicheln erkalten läßt. Danach im Ofen bei 200 Grad rösten. Abkühlen lassen und in Dosen aufbewahren. Vor Gebrauch mahlen und wie Bohnenkaffee zubereiten.

Tip: Mit Eichelkaffee lassen sich verschiedene Kaffeesüßspeisen herstellen; anstelle von Bohnenkaffee die entsprechende Menge Eichelkaffee verwenden.

DIE PASTINAKE

Die Pastinake ist die Verwandte der Petersilienwurzel. Die weißen, schlanken Wurzeln schmecken leicht nußartig nach Karotte und Sellerie, mit Petersilie als Grundton, und entfalten ihren vollen Geschmack erst nach dem ersten Frost. Die Pastinake, auch Germanenwurzel genannt, wurde in ihrer Wildform schon im 11. Jahrhundert von Jägern und Sammlern genutzt. Die Römer verwendeten die Pastinake auch als Medizin gegen Zahnschmerzen. Dieses fast vergessene Nahrungsmittel ist im Begriff, neu aufzuerstehen und wiederentdeckt zu werden.

Pastinakensalat mit Birnen und Walnüssen

Die Zutaten zur Salatsauce verrühren. Pastinaken, Birnen- und Apfelwürfel gut mit der Sauce vermengen. Den fertigen Salat mit den gehackten Walnüssen bestreuen.

Für 4 Personen
300 g Pastinaken, geschält und grob geraffelt
2 Birnen und 1 Apfel, geschält, entkernt und in Würfel geschnitten
60 g Walnüsse

Salatsauce
2 EL Obstessig
2 EL Apfelsaft
1 TL gehackte Petersilie
1½ dl Joghurt nature
1 Zitrone (Saft und fein abgeriebene Schale)

Pastinakensuppe mit Haselnüssen

Für 6 Personen
400 g Pastinaken
30 g Haselnußöl
7 dl leichte Gemüsebrühe
Salz und Pfeffer
1½ dl Sahne
1 TL Zitronensaft
60 g Haselnüsse, geröstet und fein gemahlen

Die Pastinaken schälen und in dünne Scheiben schneiden, dann in Haselnußöl 10 Minuten dünsten. Mit Gemüsebrühe auffüllen und auf kleinem Feuer weich kochen. Mit Salz und Pfeffer würzen. Die Suppe im Mixer fein pürieren. Sahne und Zitronensaft dazugeben und in Teller oder Tassen anrichten. Mit gerösteten Haselnüssen bestreuen.

Pastinaken-Lauch-Gemüse mit Gartenkräutern*

Für 4 Personen
800 g Pastinaken
40 g Butter
250 g gebleichter Lauch, in feine Streifen geschnitten
½ dl Weißwein
2 dl Sahne
Salz und Pfeffer
je 1 TL Dill, Thymian und Kerbel

Die geschälten Pastinaken der Länge nach vierteln und in 1½ cm lange Stücke schneiden. In Butter 10 Minuten glasig dünsten. Den Lauch dazugeben, kurz mitdünsten und mit Weißwein ablöschen. Aufkochen lassen, mit Sahne verfeinern und mit Salz und Pfeffer würzen. Langsam weich kochen und zuletzt die Kräuter dazugeben.

Tip: Das fertig gekochte Gemüse kann auch in eine flache feuerfeste Form angerichtet, mit Parmesankäse bestreut und im Ofen bei starker Oberhitze gratiniert werden.

Pastinaken-Soufflé mit Steinpilzen und Bärlauch*

Für 4 Personen
750 g Pastinaken
130 g Steinpilze, in kleine Würfel geschnitten
30 g getrocknete Steinpilze, pulverisiert
1 EL Bärlauchpaste (siehe «Frühling in der Küche»)
125 g Butter
2 EL Sahne
4 Eigelb
2 EL Semmelbrösel
Salz
Pfeffer, frisch gemahlen
4 Eiweiß, steif geschlagen

Die ungeschälten Pastinaken kochen, bis sie gar sind. Die Steinpilze bei schwacher Hitze in der Butter dünsten. Das Steinpilzpulver und die Bärlauchpaste dazugeben. Die Flüssigkeit sirupartig einkochen.

Die Pastinaken schälen und durch den Fleischwolf drehen. Mit den Pilzen, der Sahne, den Semmelbröseln und dem Eigelb gut vermischen. Das Püree würzen und sorgfältig unter den Eischnee mischen. Die Mischung in eine 1 l fassende gefettete Auflaufform mit umgebundener Papiermanschette einfüllen. Im vorgeheizten Backofen bei 220 Grad etwa 20 Minuten backen, bis das Soufflé aufgegangen und die Oberfläche braun geworden ist. Sofort servieren.

BAUERNREGELN

Ist der November kalt und klar,
wird trüb und mild der Januar.

***

November naß
bringt jedem etwas.

***

Hat der November zum Donnern Mut,
wird das nächste Jahr wohl gut.

***

Sperrt der Winter zu früh das Haus,
hält er sicher nicht lange aus.
Bleibt der Vorwinter aus,
kommt der Nachwinter mit Frost und Braus.

***

Wenn's im November nicht will,
kommt es sicher im April.

***

Bringt St. Martin (11. November) Sonnenschein,
tritt ein kalter Winter ein.

***

Wenn es an Andreas (30. November) schneit,
der Schnee hundert Tage liegen bleibt.

DAS HOROSKOP DES SKORPIONS
24. Oktober bis 22. November

Den Skorpionen sagt man gerne nach, sie seien rätselhaft und deshalb nicht immer einfache Lebenspartner. In der Tat verlangen sie sehr viel vom Leben, sie sind ständig in Bewegung und haben immer mehrere Eisen im Feuer. Sie packen Probleme an der Wurzel und meistern auch die heikelsten Situationen.
Skorpione sind sehr feinfühlig und empfindsam. Deshalb schätzen sie ein ausgeglichenes Privatleben, das ihnen hilft, ihre äußere Unruhe zu bezwingen. Ihr Partner muß imstande sein zu beschwichtigen und Sicherheit, Geborgenheit und Selbstvertrauen zu geben. Sobald Skorpione sich verstanden und unterstützt fühlen, sind sie zu großen Taten fähig.
Viele Skorpione besitzen verborgene Talente. An ihrer Tafel werden Sie dies erkennen. Ein Skorpion wird Sie mit noch nie gesehenen Speisen überraschen und mit Weinen, die nur er allein kennt. Sein Weinkeller gleicht der Höhle des Ali Baba! Er freut sich, diese Schätze mit Ihnen zu teilen!

GEBURTSTAGSDINER FÜR DEN SKORPION

Fenchel-Chicorée-Salat mit Weizenkeimlingen
und gebratenen Wachtelbrüstchen

***

Garnelensuppe mit Pistazien

***

Das blaue Kartoffelwunder mit braisiertem
Kalbsfuß und Herbsttrompeten

***

Schwarzweißes Filet
auf Rahmspinat mit Preiselbeeren

***

Frische Feigen an Holundersauce
mit Kastanienmousse

Fenchel-Chicorée-Salat mit Weizenkeimlingen und gebratenen Wachtelbrüstchen

Für 4 Personen
60 g Sprießkornweizen
1 Fenchelknolle
3 Stangen Chicorée
1 Apfel
½ Stangensellerie
3 Orangen
50 g grob gehackte Mandeln
½ Bund glatte Petersilie
2 Wachteln
Salz und Pfeffer
1 EL Olivenöl

Salatsauce
2 EL Obstessig
5 EL Sonnenblumenöl
Salz und Pfeffer

Den Weizen mit reichlich kaltem Wasser bedecken und über Nacht quellen lassen. Am nächsten Tag abspülen, abtropfen und zugedeckt über Nacht keimen lassen. Die Keimlinge abbrausen.

Fenchel halbieren und in feine Scheiben schneiden. Chicorée längs halbieren und quer in Streifen schneiden. Den Apfel vierteln, entkernen und in dünne Stifte schneiden. Den Sellerie in feine Streifen schneiden. Die Orangen schälen und filetieren. Alles untereinandermischen, auf Teller verteilen und die Weizenkeimlinge und die Mandeln darüberstreuen. Die Wachtelbrüstchen herausschneiden, enthäuten, mit Salz und Pfeffer würzen und in Olivenöl auf beiden Seiten rosa anbraten. Die Zutaten zur Salatsauce gut aufrühren und über den Salat geben. Petersilienblätter darüberzupfen und die warmen Wachtelbrüstchen obenauf legen. Sofort servieren.

Garnelensuppe mit Pistazien

Für 4 Personen
24 große, ungekochte Garnelen, gewaschen
1 l Wasser
2 dl trockener Weißwein
40 g Butter
2 sehr fein gehackte Schalotten
1 zerdrückte Knoblauchzehe
3 Tomaten, geschält, entkernt und fein gehackt
1 Karotte, fein gehackt
3 EL Mehl
Salz und Pfeffer
etwas Cayennepfeffer
1 Prise Safranpulver
2 verquirlte Eigelb
1½ dl Sahne
20 g Pistazien, geschält und fein gehackt

Wasser und Wein zum Kochen bringen, die Garnelen darin aufkochen und 5 Minuten ziehen lassen, dann herausnehmen, abtropfen lassen und die Garflüssigkeit beiseite stellen. Die Garnelenschwänze abtrennen, den Darm entfernen, das Fleisch herauslösen und ebenfalls beiseite stellen. Die restlichen Garnelenteile durch die mittlere Scheibe des Fleischwolfs drehen.

Die Butter in einen Topf geben und die zerkleinerten Garnelenschalen darin braun anrösten. Zwiebeln, Knoblauch, Tomaten und Karotten dazugeben und 5 bis 10 Minuten dünsten. Mit Mehl bestäuben und mit der aufbewahrten Garflüssigkeit auffüllen. 1 Stunde köcheln lassen, dann durch ein feinmaschiges Sieb passieren und dabei das Gemüse gut auspressen. Die Suppe aufkochen, mit Salz, Pfeffer, Cayennepfeffer und Safran abschmecken. Das mit Sahne vermischte Eigelb einlaufen lassen, die Suppe nicht mehr kochen (Gerinnungsgefahr!). Die Garnelenschwänze dazugeben, die Suppe in einem Suppentopf anrichten und mit Pistazien bestreut servieren.

Das blaue Kartoffelwunder mit braisiertem Kalbsfuss und Herbsttrompeten

Den Kalbsfuß mit dem Olivenöl in einen Schmortopf geben und im Ofen bei 180 Grad etwa 40 Minuten rösten. Zwiebeln, Knoblauch und Karotten beigeben und 10 Minuten weiterrösten. Mit Rotwein ablöschen und mit Bratenjus auffüllen. Im fest geschlossenen Topf etwa 3 bis 4 Stunden köcheln lassen, bis sich das Fleisch von den Knochen löst. Gelegentlich umrühren und falls erforderlich Wasser nachgießen. Das Fleisch in feine Streifen schneiden. Die konzentrierte Sauce abseihen und mit den Kalbsfußstreifen mischen. Mit Salz und Pfeffer würzen, die Pilze daruntermengen und alles zusammen aufkochen.

Von den heißen Kartoffeln einen Deckel abschneiden und das Innere mit einem Pariserlöffel ausstechen. Die Kartoffeln mit dem Kalbsfußragout füllen und mit den blauen Kartoffelkugeln ausgarnieren.

Für 4 Personen
1 Kalbsfuß, der Länge nach halbiert
2 EL Olivenöl
1 Zwiebel, gehackt
1 Knoblauchzehe, gehackt
¼ Karotte, in Würfel geschnitten
3 dl kräftiger Rotwein
1 l Bratenjus
Salz und Pfeffer
80 g frische Herbsttrompeten, geputzt und geschnitten (ersatzweise 30 g getrocknete Herbsttrompeten, in Wasser eingeweicht)
4 mittelgroße blaue Kartoffeln (erhältlich in Spezialgeschäften, eventuell auf dem Markt), in der Schale gekocht

Schwarzweisses Filet auf Rahmspinat mit Preiselbeeren

Für 4 Personen
1 Lammrückenfilet, etwa 250 g, ohne Knochen und Fett
2 Kaninchenrückenfilets zu je 70 bis 80 g
Salz und Pfeffer
Rosmarin
1 Schweinenetz zum Einpacken der Filets
10 bis 14 blanchierte Spinatblätter, ohne Stiel
2 EL Olivenöl
400 g gehackter Spinat
1 dl Sahne
Salz und Muskat
2 EL süß-sauer eingelegte Preiselbeeren
(Rezept Seite 42)

Die Filets parieren (Haut entfernen) und mit Salz, Pfeffer und Rosmarin leicht würzen. Das gewässerte und trockengetupfte Schweinenetz ausbreiten. Mit blanchierten Spinatblättern belegen. Das Lammrückenfilet darauflegen. Die Kaninchenrückenfilets mit den spitzen Enden zur Mitte nebeneinander auf das Lammfilet legen. Das Fleisch im Schweinenetz satt einrollen. Die Seiten mit Küchengarn abbinden und das überschüssige Netz wegschneiden. Das Öl in einen Bräter geben und das Fleischpaket langsam von allen Seiten anbraten, dann vom Feuer nehmen und 3 bis 5 Minuten ziehen lassen.

In der Zwischenzeit Sahne und gehackten Spinat aufkochen und mit Salz und Muskat würzen. Das Spinatpüree auf Teller verteilen, das Filetpaket in 8 gleichmäßige Scheiben schneiden und auf dem Spinat anrichten. Mit Preiselbeeren bestreuen und sofort servieren.

Frische Feigen an Holundersauce mit Kastanienmousse

Für 4 Personen
4 frische Feigen, geschält
60 g Zucker
1½ dl Portwein
1 dl Holundersirup
(Rezept Seite 31)

Kastanienmousse
2 Blatt Gelatine
1 EL Kirsch
2 Eigelb
35 g Zucker
250 g Kastanienpüree
1½ dl Sahne

Den Zucker karamelisieren und mit Portwein ablöschen. Den Holundersirup beigeben und die Feigen darin ziehen lassen. Für die Kastanienmousse die Gelatine in kaltem Wasser einweichen. Zucker und Eigelb schaumig schlagen. Die mit Kirschwasser im warmen Wasserbad aufgelöste Gelatine mit dem Kastanienpüree unter die Eigelbmasse rühren. Zum Schluß die geschlagene Sahne darunterheben und die Mousse 1½ Stunden durchkühlen lassen.

Die Holundersauce auf Teller verteilen. Die in Achtel geschnittenen Feigen und die Kastanienmousse hübsch darauf anrichten.

STACHYS

Stachys, die weißen Knöllchen, stammen ursprünglich aus Japan und gelangten um 1880 über die russische Botschaft nach Frankreich. Dort wurden sie sofort angebaut und entwickelten sich zu einem kulinarischen Geheimtip.
Der «Crosne du Japon» – so heißt der Stachys in Frankreich – ähnelt in seinem Aussehen Engerlingen oder geschälten Crevetten. Bei uns wurde dieser nahrhafte Leckerbissen in Großmutters Kochbuch für besondere Gelegenheiten empfohlen. Geschmacklich liegt er zwischen Artischocke und Schwarzwurzel. Der Anbau der kleinen, aber feinen und nur etwa 2g schweren Knöllchen ist sehr mühselig und nicht eben ertragreich. Die Erntezeit beginnt Ende Oktober und dauert bis in den Winter hinein. Stachys können nur von Hand geerntet werden.
Stachys sind bei 0 bis 5 Grad 2 bis 3 Tage haltbar. Das Vorbereiten geht folgendermaßen: Die kleinen Knöllchen portionsweise in ein Sieb geben, abspülen und im Sieb gut abbürsten. Nochmals gründlich waschen. Würzelchen, die sich eventuell noch nicht gelöst haben, abschneiden. Anschließend kann man die Stachys wie Kartoffeln im Würzwasser sieden oder auch braten.

Gekochte Stachys (Grundrezept)

Die sauber gewaschenen und gebürsteten Knöllchen mit Wasser, Salz und 1 EL Zitronensaft während 5 bis 7 Minuten weich sieden und gut abtropfen lassen.

Stachyssalat mit Trauben und Nüssen

Für 4 Personen
400 g gekochte Stachys (siehe Grundrezept, oben)
1 Apfel, geschält, entkernt und in kleine Würfel geschnitten
200 g kleine weiße Trauben, blanchiert und geschält
40 g Walnüsse, grob gehackt und im Ofen geröstet
60 g Feldsalat, gewaschen und geputzt

Salatsauce
1 dl Joghurt nature
je 1 EL Orangen- und Zitronensaft
Salz und Pfeffer

Die gekochten Stachys in fingerbeerengroße Stückchen schneiden. Den Feldsalat rosettenartig auf Teller anrichten. Stachys, Trauben und Apfelwürfel vermischen und in das Feldsalatnestchen setzen. Die Zutaten zur Salatsauce aufrühren und über den Salat geben. Zuletzt mit gerösteten Walnüssen bestreuen.

Stachysgratin*

Stachys in fingerbeerengroße Stücke schneiden, leicht würzen und mit dem Käse vermischt in eine flache, gut gebutterte feuerfeste Form geben. Mit Sahne begießen und mit Bröseln bestreuen. Im vorgeheizten Backofen bei 200 Grad etwa ½ Stunde überbacken.

Als Beilage für 4 Personen
600 g Stachys, knapp gar gekocht (siehe Grundrezept, Seite 136)
30 g Butter
40 g geriebener Sbrinz
1 dl Sahne
2 EL Weißbrotbrösel
Salz und Pfeffer

Stachys-Pilz-Eintopf*

Butter in einer Bratpfanne erhitzen. Schalotten und Knoblauch darin dünsten. Die sauber geputzten und in gleichmäßige Würfel geschnittenen Pilze bei großer Hitze mitdämpfen. Die in fingerbeerengroße Stücke geschnittenen Stachys dazugeben. 5 Minuten dünsten, mit Salz und Pfeffer würzen. Petersilie beigeben, mit Weißwein ablöschen und 10 Minuten köcheln lassen. Gemüsebouillon und Sahne beifügen und nach Belieben mit wenig Mehlbutter abbinden. Den Eintopf sofort heiß servieren.

Für 4 Personen
600 g gekochte Stachys (siehe Grundrezept, Seite 136)
600 g Mischpilze (Steinpilze, Pfifferlinge, Maronenröhrlinge)
2 gehackte Schalotten
1 Knoblauchzehe, fein gehackt
2 EL Butter
Salz
schwarzer Pfeffer
3 EL Petersilie, fein gehackt
2 dl trockener Weißwein
1½ dl Gemüsebouillon
2 dl Sahne
eventuell etwas Mehlbutter

DIE ZWIEBEL HAT SIEBEN HÄUTE UND BEISST ALLE LEUTE

Die Zwiebel hat ihren Ursprung bei den Ägyptern und wurde dort schon 3000 v. Chr. angebaut und verarbeitet. Sie war Grundnahrungsmittel und Opfergabe zugleich. Mit den römischen Soldaten gelangte die Zwiebel im ersten nachchristlichen Jahrhundert nach Mitteleuropa, wo sie lange nicht besonders geschätzt wurde.
Früher war es bei den Bauern im deutschsprachigen Raum Brauch, mit Hilfe der Zwiebel die Witterung des kommenden Jahres zu erkunden. In der Christnacht bestreuten sie zwölf Zwiebelschalen, welche die zwölf Monate symbolisierten, mit Salz. Von den Monaten, deren Schale bis zum Morgen trocken blieb, versprach man sich trockenes Wetter, von den anderen erwartete man Niederschlag.
Zwiebeln gehören zur Familie der Liliengewächse. Sie haben viel Vitamin A und C sowie Allicin, welches eine stark antibakterielle Wirkung hat.

Am vierten November-Montag findet der traditionelle Berner «Zibelemärit» statt, wo große Mengen Zwiebeln, zu Kränzen und Zöpfen geflochten, zum Kauf angeboten werden. Dieser besonders schöne Markt lockt Scharen von Besuchern an, die sich nach dem frühmorgendlichen Marktbummel in einem der gemütlichen Lokale mit einem auserlesenen Zwiebelgericht aufwärmen.

Berner Zwiebelkuchen*

Für den Teig Mehl und Salz mischen und die Butter hinzufügen. Mehl und Butter mit den Fingerspitzen zu einer krümeligen Masse zerreiben. Das Ei in die Mitte des Gemischs geben. Mit 1 EL kaltem Wasser zu einem Teig wirken, eventuell noch etwas Wasser dazugießen. Den Teig leicht kneten, in Klarsichtfolie einschlagen und vor dem Ausrollen 1 Stunde kühl stellen.

Für die Füllung die gehackten Zwiebeln in der Butter 10 bis 15 Minuten dünsten, ohne Farbe zu geben. Die Eier aufschlagen und mit der Sahne gut vermischen. Die ausgekühlten Zwiebeln daruntermengen und mit Salz und Pfeffer würzen.

Den Teig ausrollen und die Kuchenform damit belegen. Den Teigboden mehrmals mit einer Gabel einstechen. Die Zwiebelfüllung darauf geben, mit Butterflocken bestreuen und den Kuchen im vorgeheizten Ofen bei 210 Grad etwa 45 Minuten backen.

Für einen Kuchen von 24 cm Durchmesser

Kuchenteig
200 g Mehl
100 g Butter, in Würfel geschnitten
5 g Salz
1 Ei
1 EL kaltes Wasser

Füllung
700 g gehackte Zwiebeln
60 g Butter
4 Eier
2 dl Sahne
Salz und Pfeffer
Butterflocken

Weisse Zwiebelsuppe

Die Zwiebeln bei schwacher Hitze in Butter 1 Stunde zugedeckt weich dünsten, ohne sie Farbe nehmen zu lassen. Brühe oder Wasser sowie Milch, Sahne und Semmelbrösel hinzufügen und aufkochen. Anschließend im Mixer fein pürieren, eventuell mit Wasser verdünnen. Mit Salz und Pfeffer würzen und nochmals aufkochen. In der Zwischenzeit in einer Bratpfanne 40 g Butter zergehen lassen. Die Weißbrotwürfelchen darin goldbraun rösten und separat zur Suppe servieren.

Tip: Die Zwiebelsuppe nach dem Anrichten mit wenig Zimt bestreuen.

Für 4 Personen
500 g gehackte Zwiebeln
60 g Butter
3 dl Gemüsebrühe oder Wasser
3 dl Milch
1 dl Sahne
70 g frische Semmelbrösel
Salz und Pfeffer
40 g Butter
2 Scheiben Weißbrot ohne Rinde, in ½ cm große Würfel geschnitten

Steinbuttfilets an Zwiebelsauce

Für 4 Personen
300 g Zwiebeln, fein gehackt
90 g Butter
4 Steinbuttfilets zu je 200 g (nicht abgezogen)
2 Schalotten, in dünne Scheiben geschnitten
Salz
Pfeffer, frisch gemahlen
2½ dl Fischfond
40 g Butter
1½ dl Sahne
8 dünne Trüffelscheiben (nach Belieben)

Die gehackten Zwiebeln in 90 g Butter etwa ½ Stunde dünsten, ohne Farbe zu geben.

Die Steinbuttfilets mit der Haut nach unten nebeneinander in eine mit Butter ausgestrichene flache Pfanne legen. Schalotten, Salz und Pfeffer hinzufügen und die Filets mit Fischfond knapp bedecken. Ein Pergamentpapier mit Butter bestreichen und auf die Fischfilets legen. Im vorgeheizten Backofen bei 180 Grad etwa 10 Minuten garen, dann aus dem Ofen nehmen und warm halten. Die Garflüssigkeit zu den gedünsteten Zwiebeln gießen und bei starker Hitze aufkochen. Die Zwiebelsauce im Mixer fein pürieren und anschließend wieder in die Pfanne geben. Mit Sahne auffüllen und zur gewünschten Dicke einkochen. Mit Salz und Pfeffer nachwürzen. Zuletzt 40 g weiche Butter hineinschlagen und die Sauce nicht mehr kochen lassen.

Die Steinbuttfilets von der Haut lösen und auf vorgewärmte Teller anrichten. Mit Sauce überziehen und nach Belieben auf jedes Filet 2 Trüffelscheiben legen. Sofort servieren.

Tip: Dazu paßt Kartoffelpüree (eventuell mit blauen Kartoffeln zubereitet).

Kalbsschmorbraten mit Zwiebeln und Salbei

Für 10 Personen
2 bis 2½ kg Kalbfleisch (Unterspälte)
2 EL Paprika
4 Salbeiblätter, fein gehackt
2,2 kg Zwiebeln, fein gehackt
200 g Butter
Salz
Pfeffer, frisch gemahlen
1 TL Bohnenkraut
2½ dl trockener Weißwein
3 dl leichte Fleischbouillon
1½ dl Sahne

Paprika und Salbei gut mit den Zwiebeln vermischen. Die Butter in einem emaillierten Schmortopf zerlassen. Die Zwiebeln darin dünsten, ohne Farbe zu geben. Das Kalbfleisch darauf legen, mit Salz und Pfeffer würzen und mit Bohnenkraut bestreuen. Zugedeckt im vorgeheizten Ofen bei 150 Grad 20 Minuten schmoren. Die Zwiebeln dürfen nicht braun werden, da sie sonst einen scharfen und bitteren Geschmack annehmen. Den Weißwein dazugießen und das Fleisch nochmals 40 bis 50 Minuten schmoren. Häufig mit Bouillon begießen. Das gegarte Fleisch herausnehmen, die Sauce im Mixer pürieren und mit Sahne verfeinern. Kurz aufkochen lassen. Das Fleisch in feine Scheiben schneiden und mit der Zwiebelsauce überziehen.

11. NOVEMBER – MARTINSTAG

Der Martinstag war früher der wichtigste Ding- und Zinstag. Vögte und Verwalter von klösterlichen Landwirtschaftsbetrieben mußten über die eingebrachte Ernte Rechenschaft ablegen. Auch die Bauern erklärten an diesem Tag die Ernte für abgeschlossen, und es gab ein üppiges Mahl für alle, die Hand angelegt hatten bei der harten Arbeit auf den Feldern und Äckern, im Stall und im Haus. Mit der Zeit wurde es zur Tradition, daß am Martinstag Enten oder Gänse geschlachtet und zubereitet wurden. Auch das Schlachten des Borstenviehs wurde in verschiedenen Gegenden zu einem unbedingten «Muß».

Gänse und Enten wurden meistens als «Rillettes» oder als «Confit» eingemacht, wie es heute noch in Frankreich üblich ist (siehe «Winter in der Küche»).

MARTINSGANS

Für die Füllung die gekochten Kartoffeln schälen, grob hacken und mit den übrigen Zutaten gut vermischen. Die Füllung in die Bauchhöhle der Gans geben und die Öffnung zunähen. Die Gans in einen passenden Bräter legen und die Geflügelbrühe dazugießen. Mit Alufolie bedecken und im vorgeheizten Backofen zunächst 30 Minuten bei 200 Grad braten. Danach die Hitze auf 180 Grad reduzieren und weiterbraten. Pro Kilogramm Fleisch rechnet man 40 Minuten. Während des Bratens immer wieder mit Bratensaft begießen. Eventuell noch etwas Geflügelbrühe nachgießen. Für die letzten 15 Minuten Bratzeit die Alufolie entfernen, damit die Haut der Gans schön knusprig wird.

Die Äpfel mit Wasser weich kochen. Im Mixer pürieren, mit Butter, Zucker, Zimt, Muskat und Salz vermischen. Die Sauce erhitzen und die Sahne beigeben. Heiß zur Gans servieren.

FÜR 6 PERSONEN
1 Gans zu 4½ kg mit Leber
2½ dl Geflügelbrühe

FÜLLUNG
650 g Kartoffeln, in der Schale gekocht
1 gehackte Zwiebel
100 g gesalzener, durchwachsener Speck, in kleine Würfel geschnitten
Gänseleber, gehackt
Salz und Pfeffer
2 EL gehackte Petersilie
1 TL gehackter Salbei

APFELSAUCE
300 g Äpfel, geschält und entkernt
1 dl Wasser
30 g Butter
2 EL Zucker
Zimt
Muskat
Salz
½ dl Sahne

Gänseragout mit Äpfeln

Für 8 Personen
1 Gans zu 4½ kg, in Stücke geschnitten
Salz und Pfeffer
50 g Gänsefett, ausgelassen
2 große Zwiebeln, in dünne Scheiben geschnitten
½ Zimtstange
4 kg Äpfel, geschält, entkernt und in Achtel geschnitten
2 TL Paprikapulver
1 dl Wasser

Die Gänsestücke salzen und pfeffern, 30 Minuten stehenlassen und danach abtrocknen. In einem Schmortopf im Gänsefett langsam braun braten. Die Zwiebeln hinzufügen und goldbraun dünsten. Leicht salzen, Zimtstange und Äpfel beigeben, mit Paprika bestreuen und das Wasser angießen. Zugedeckt im Ofen bei 180 Grad mindestens 2 Stunden langsam garen, bis das Gänsefleisch weich ist. Eventuell nachwürzen und etwas Wasser nachgießen. Zum Schluß soll aber kein Wasser mehr im Schmortopf sein. Die Äpfel sollten im Gänsefett schwimmen.

Zum Servieren die Gänsestücke und Apfelachtel aus dem Fett nehmen und die Zwiebeln mit servieren. Am besten schmecken dazu Kartoffelpüree und Kohlgemüse.

Ente mit Feigen

Für 4 Personen
24 getrocknete Feigen
½ l Portwein
2 dl Orangensaft, frisch gepreßt
1 Ente, 2½ bis 3 kg schwer
40 g Butter
½ l kräftiger brauner Kalbsfond, leicht gebunden

Die Feigen in Portwein und Orangensaft während 36 Stunden zugedeckt einweichen.

Die Ente mit der Butter in einen passenden Schmortopf geben und im Ofen bei 200 Grad schön anbräunen. Danach mit Feigenmarinade beträufeln. In den folgenden 20 bis 30 Minuten häufig mit Marinade begießen, bis sie ganz aufgebraucht ist. Die Feigen um die Ente herum anordnen, den Kalbsfond dazugießen und bei 180 Grad 45 Minuten schmoren lassen. Immer wieder mit dem Bratensaft begießen.

Die Ente auf eine vorgewärmte Platte anrichten. Mit den Feigen umlegen und mit der entfetteten Schmorflüssigkeit begießen.

DIE KARDY

Die Kardy oder Kardone (Winterdistel, Gemüseartischocke) stammt ursprünglich aus Südeuropa, wo sie sehr weit verbreitet ist. Sie gehört zur Familie der Korbblütler und wird vielfach als Urform der Artischocke angesehen. Eßbar sind die gebleichten Blattstiele, während von der Artischocke die geschlossenen Blütenköpfe verwendet werden. Leider ist dieses stachelige, geschmacklich sehr empfehlenswerte Wintergemüse bei uns zu wenig bekannt. Der größte Teil der Ernte kommt als Konservengemüse auf den Markt.

Blanchierte Kardy (Grundrezept)

Die gebleichten Stengel von den meist stacheligen Rändern befreien, die gröberen Fasern abziehen, die Stengel in Stücke schneiden und in Salzwasser mit einem Schuß Weißweinessig kurz blanchieren. Anschließend je nach Rezept weiterverarbeiten.

Kardy kann aber auch wie Spargel zubereitet werden. Entsprechende Rezepte finden Sie im Buch «Frühling in der Küche».

Kardyschaumsuppe mit Champignons

In einem passenden Topf die Butter zergehen lassen. Schalotten und Champignons 10 Minuten darin dünsten, ohne Farbe zu geben. Die geschnittenen Kardy dazugeben, mit Mehl bestäuben und mit Gemüsebrühe auffüllen. 30 Minuten langsam köcheln lassen, mit Salz und Pfeffer abschmecken. Die Suppe im Mixer fein pürieren. Den Wein und die Sahne dazugeben, aufschwingen und in vorgewärmten Tassen sofort servieren.

Für 4 Personen
250 g blanchierte Kardy, in 2 cm lange Stücke geschnitten (siehe Grundrezept, Seite 143)
50 g Butter
150 g gehackte Champignons
30 g gehackte Schalotten
1 EL Mehl
1 l Gemüsebrühe
1½ dl Sahne
Salz und Pfeffer
6 EL Sauternes oder Trockenbeerenauslese

Eingemachte Kardy

2 kg Kardy, in 8 cm lange und 1½ cm breite Stücke geschnitten und blanchiert (siehe Grundrezept, oben)
1½ l Wasser
1½ EL Salz
1 EL Essig
1 bis 2 kleine Zweiglein Thymian

Die Kardystengel aufrecht in Gläser einfüllen. Wasser und Salz aufkochen und mit dem Essig vermischen. Den Sud über die Kardystengel gießen und darauf ein Zweiglein Thymian legen. Die Gläser gut verschließen und bei 95 Grad 50 Minuten sterilisieren. Zum Auskühlen die Gläser auf den Deckel stellen. Für die Weiterverarbeitung die Kardy abschütten, abtropfen lassen und in Butter mit Kräutern und Bröseln schwenken.

Kardygratin mit Spinat*

Für 4 Personen
500 g Kardy, in 3 cm lange Stücke geschnitten und blanchiert (siehe Grundrezept, Seite 143)
300 g Winterspinat, gewaschen, entstielt und in 1 cm breite Streifen geschnitten
40 g Butter
4 gehackte Schalotten
2 Knoblauchzehen, fein gehackt
Salz und Pfeffer
Muskat, frisch gerieben
2½ dl Sahne
1 Eigelb, verquirlt
4 EL geriebener Sbrinz- oder Parmesankäse

Kardy und Spinat vermengen. In einem passenden Topf die Butter zergehen lassen und die Schalotten während 5 Minuten darin dünsten, ohne Farbe zu geben. Den Knoblauch dazugeben und das Gemüse 10 Minuten mitdünsten. Mit Salz, Pfeffer und Muskat würzen.

Eine Gratinform mit Butter ausstreichen und das Gemüse hineingeben. Sahne und Eigelb vermischen, leicht salzen und darübergießen. Mit Käse bestreuen. Im vorgeheizten Backofen bei 180 Grad während 40 Minuten überbacken. Heiß servieren.

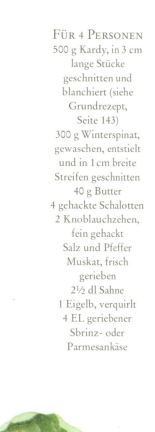

SCHLACHTFEST – «METZGETE»

Auf dem Lande war es früher üblich – und ist es zum Teil noch heute –, im Spätherbst ein Schwein zu schlachten. Ein Kundenmetzger kam zu den Bauern, auf dem Hof wurde geschlachtet, das Fleisch wurde verarbeitet, und der Tag endete mit einem kräftigen Mahl. Die Schlachtplatten bestanden meistens aus Blut- und Leberwürsten, Bratwürsten, Schwänzchen, «Öhrli und Schnörrli» (Kopffleisch), Speck und Ragout. Dazu wurden Kartoffelpüree, gekochte Äpfel und Sauerkraut serviert. «Guten Appetit!»

Fenchel-Paprika-Wurst

Das Fleisch in schmale Streifen und anschließend in möglichst kleine Würfelchen schneiden. Den Wurstdarm mehrere Stunden, am besten über Nacht, in Orangensaft einlegen. Das Fleisch in eine große Schüssel legen und im Kühlschrank durchkühlen lassen. Salz und Gewürze dazugeben und gut vermischen. Den Wurstdarm in lauwarmem Wasser gründlich waschen und mit der Fleischmischung füllen. Den Darm etwa alle 12 cm mit Küchengarn abbinden. Die Würste 1 Tag im Kühlschrank abstehen lassen. Danach in wenig Öl langsam braun braten.

Für 8 Personen
1½ kg durchwachsenes Schweinefleisch
2 m Wurstdarm
1 dl Orangensaft
1½ EL Salz
½ TL Pfeffer, frisch gemahlen
1 TL Fenchelsamen
1½ TL Paprika, edelsüß
1 TL Majoran
2 EL Öl

Blutwurst mit Sahne

Milch und Sahne zusammen leicht erwärmen. Zwiebeln fein hacken und in Schweineschmalz gut dünsten. Grieben durch die mittlere Scheibe des Fleischwolfs treiben. Alle Zutaten mit dem Blut gut vermischen und mit den Gewürzen abschmecken. Die Masse in Schweinsdärme einfüllen und mit Küchengarn je nach gewünschter Größe der Wurst abbinden. Die Würste 1 Stunde lang in etwa 80 Grad heißem, leicht gesalzenem Wasser ziehen lassen. Danach kalt abspülen und mit einem feuchten Küchentuch bedecken. 5 bis 6 Stunden auskühlen lassen. Die Würste in wenig Fett anbraten und zu Sauerkraut und gerösteten Kartoffeln servieren.

1 l frisches Schweineblut
je ½ l Milch und Sahne
200 g Zwiebeln
250 g Grieben (oder gekochte Schwarte)
1½ EL Salz
½ TL Majoran
½ TL Paprika
Pfeffer
2 Knoblauchzehen, fein gehackt
2½ m Schweinedünndarm

Geräucherte Streichleberwurst

1 kg frische Schweineleber
1½ kg mageres Schweinefleisch
2 kg fettes Schweinefleisch
2 mittelgroße Zwiebeln, geschält und gerieben
3 Knoblauchzehen, fein gehackt
2½ EL Salz
½ EL Leberwurstgewürz
4 bis 5 m Schweinedünndarm

Die Leber und das magere Schweinefleisch 2mal durch die feine Scheibe des Fleischwolfs treiben. Die geriebenen Zwiebeln und den Knoblauch mit Salz und dem Leberwurstgewürz dazugeben und gut vermengen. Das fette Schweinefleisch in große Würfel schneiden und in leichter Bouillon weich kochen. Auskühlen lassen, durch die grobe Scheibe des Fleischwolfs drehen und unter die Wurstmasse mischen. Diese locker in Schweinedünndärme füllen und mit Küchengarn je nach gewünschter Wurstlänge abbinden. Danach während 1 Stunde in 75 Grad heißem, leicht gesalzenem Wasser ziehen lassen. Die Würste auskühlen lassen, wenn nötig nachbinden, dann einige Tage lang zum Trocknen aufhängen. Anschließend 5 Tage in kaltem Rauch räuchern.

Bauernbratwurst mit Pistazien

Für 4 grosse Würste
1 kg Schweinefleisch (Schulter oder Nacken)
1½ EL Salz
¾ TL Pfeffer, frisch gemahlen
¼ TL Kümmel, fein gehackt
2 EL Pistazienkerne, geschält und grob gehackt
1 kleine Knoblauchzehe, fein gehackt
1 dl trockener Weißwein
1 m Wurstdarm

Das Fleisch entbeinen und durch die grobe Scheibe des Fleischwolfs drehen. Mit den übrigen Zutaten sorgfältig vermischen, die Masse in den Wurstdarm füllen und mit Küchengarn abbinden. Die Würste mindestens 2 Tage im Kühlschrank ruhen lassen, bevor man sie in heißem Wasser etwa 5 Minuten garziehen läßt. Anschließend trockentupfen und in wenig Schmalz oder Öl braten.

Sülze nach Grossmutters Rezept

Den Kopf und die Füße in einen Kochtopf geben, mit kaltem Wasser bedecken, Zwiebeln, Knoblauch und Salz hinzufügen und bei schwacher Hitze zum Kochen bringen. Bei niedriger Temperatur 2½ bis 3 Stunden kochen, bis das Fleisch sich leicht vom Knochen lösen läßt. Sorgfältig alle Knochen entfernen, das Fleisch in Würfel schneiden. Mit Essig, Pfeffer, Muskat, Gurken und Muskatblüte in einen Topf geben und so viel Kochflüssigkeit hinzufügen, daß eine weiche, gallertige Masse entsteht. 15 Minuten bei schwacher Hitze köcheln lassen.

Eine Terrinenform oder Portionenförmchen mit kaltem Wasser oder Essig ausspülen. Mit Fleischmasse randvoll füllen. Abkühlen und fest werden lassen. Vor dem Servieren aus der Form stürzen (Form kurz in heißes Wasser tauchen). Die Sülze in Scheiben schneiden und mit frisch geriebenem Meerrettich servieren.

Tip: Sülzen können auch nur mit Schweinsfüßen oder aber mit Kalbskopf und Kalbszunge zubereitet werden. Eine kulinarische Verführung für Ihre Gäste: Verwenden Sie als Einlage grobgehackte frische Trüffeln!

½ Schweinekopf
4 Schweinsfüße
1 gehackte Zwiebel
2 zerdrückte Knoblauchzehen
25 g Salz
1½ dl Essig
1 TL Pfeffer, frisch gemahlen
½ geriebene Muskatnuß
4 Gewürzgurken, grob gehackt
1 TL Muskatblüte, gemahlen
1 Stange Meerrettich

Erbsensuppe mit Schweinsschnörrli

Die Erbsen etwa 12 Stunden in 2 l Wasser einweichen. Die Zwiebeln in Butter andünsten, dann Lauch und Karotten dazugeben. Die abgetropften Erbsen und den Knoblauch 5 Minuten mitdünsten, mit Wasser auffüllen und das Schweinsschnörrli hineingeben. 1½ bis 2 Stunden langsam kochen, mit Salz und Pfeffer würzen und eventuell etwas Wasser nachgießen. Das Schweinsschnörrli in ½ cm große Würfel schneiden und wieder in die Suppe geben. Vor dem Servieren das in Würfel geschnittene Brot in der geklärten Butter rösten und separat zur Suppe reichen.

Für 6 Personen
500 g gelbe Erbsen
1 Schweinsschnörrli
3 l Wasser
1 große Zwiebel, fein gehackt
30 g Butter
1 Lauchstengel, gewaschen, der Länge nach halbiert und in feine Streifen geschnitten
½ mittelgroße Karotte, in Würfel geschnitten
2 gehackte Knoblauchzehen
Salz und Pfeffer
6 Scheiben Brot, in Würfel geschnitten
4 EL geklärte Butter

HÜLSENFRÜCHTE, DIE VOLLWERTIGEN

Zu Unrecht sind die mit viel pflanzlichem Eiweiß ausgestatteten Hülsenfrüchte heutzutage aus der Mode gekommen. Das Vor- und Zubereiten von Hülsenfrüchten benötigt verhältnismäßig viel Zeit und Planung. Dafür werden Sie und Ihre Gäste mit herrlichen kulinarischen Genüssen belohnt.

Hülsenfrüchte sollten etwa 12 Stunden, am besten über Nacht, in viel kaltem Wasser eingeweicht werden. Bitte beachten Sie auch, daß Hülsenfrüchte immer erst am Schluß, wenn sie weich gekocht sind, gesalzen werden sollten, damit sie keine harte Haut bekommen.

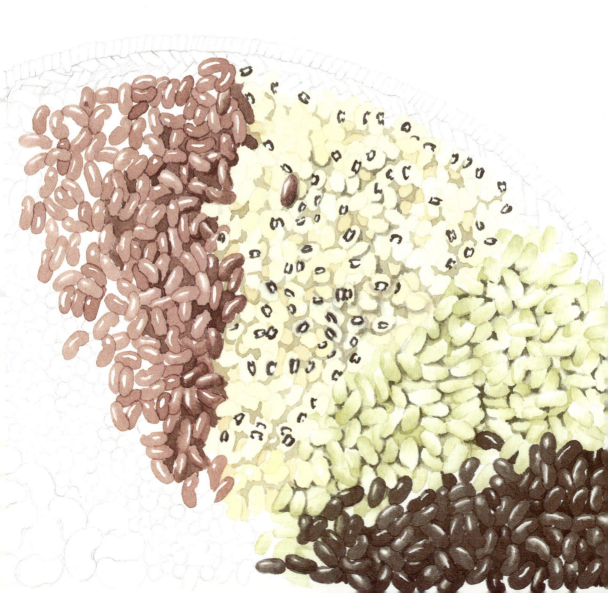

Feuerbohnensalat mit Chicorée

Die Bohnen in einer Schüssel mit kaltem Wasser gut bedecken und über Nacht einweichen.

Am nächsten Tag bei mäßiger Hitze in viel Wasser 1½ bis 2 Stunden garen. Die Bohnen dürfen jedoch nicht zerfallen. Kurz vor Ende der Garzeit salzen, dann abgießen und gut abtropfen lassen. Die Zutaten zur Salatsauce verrühren. Die noch heißen Bohnen und die Zwiebeln mit der Sauce mischen. So lange durchziehen lassen, bis die Bohnen ausgekühlt sind.

Vor dem Servieren den in 1 cm breite Streifen geschnittenen Chicorée sowie die geputzten und in Achtel geschnittenen Champignons unter den Bohnensalat mischen. Mit feingeschnittenem Schnittlauch bestreuen.

Für 4 Personen
250 g Feuerbohnen
Meersalz
2 rote Zwiebeln, geschält und in feine Streifen geschnitten
1 Chicorée
150 g Champignons
1 Bund Schnittlauch

Salatsauce
½ dl Weißweinessig
1 dl Olivenöl
Salz
Pfeffer aus der Mühle
1 Knoblauchzehe, fein gehackt

Erbsenschaumsuppe mit Minze

Die Erbsen über Nacht einweichen, dann abschütten. In 1 l Wasser weich kochen (etwa 1½ Stunden). Im Mixer schaumig pürieren.

Die Butter zergehen lassen. Die Schalotten darin glasig dünsten, dann den Lauch 2 bis 3 Minuten mitdünsten. Mit dem Erbsenschaum auffüllen und mit Salz und Pfeffer würzen. Die Crème fraîche darunterziehen, die Suppe in vorgewärmte Teller anrichten und mit gehackter Minze bestreuen. Dazu servieren Sie die getoasteten Parisettebrotscheiben.

Für 4 Personen
160 g gelbe oder grüne Erbsen
1 l Wasser
30 g Butter
2 Schalotten, fein gehackt
150 g Lauch, geputzt, gewaschen und in kleinste Würfelchen geschnitten
100 g Crème fraîche
Salz und Pfeffer
4 Minzeblätter, fein gehackt
8 dünne Scheiben Parisettebrot, getoastet

Cassoulet «Toulouser Art»

Für 4 Personen
500 g weiße Bohnen, über Nacht eingeweicht und abgetropft
100 g frische Schweineschwarte, zu einer Rolle zusammengebunden und 5 Minuten blanchiert
1 Brühwurst (etwa 500 g schwer), eingestochen
1 Bouquet garni (Lauch, Sellerie, Karotte)
2 Karotten, in Scheiben geschnitten
5 Knoblauchzehen, zerdrückt
¼ Gans, in 2 Teile zerlegt
2 Tomaten, abgezogen, entkernt und grob gehackt
4 EL ausgelassenes Gänsefett
100 g luftgetrocknete Wurst, in dünne Scheiben geschnitten
Salz

Die Bohnen 1 Stunde kochen, danach leicht salzen und abtropfen lassen. Wieder in den Topf geben und mit kochendem Wasser bedecken. Die Schweineschwarte, die Brühwurst, das Bouqet garni, die Karotten und 3 Knoblauchzehen dazugeben. Zugedeckt 1 Stunde köcheln lassen. Die Wurst herausnehmen, in Scheiben schneiden und wieder zu den Bohnen geben. Die restlichen beiden Knoblauchzehen mit den Gänsestücken im Gänsefett anbraten. Wenn die Gänsestücke braun sind, den Inhalt der Pfanne mit den Tomaten und den Bohnen vermischen und alles zusammen weitere 2 Stunden garen. Abgießen und die Kochflüssigkeit auffangen. Bohnen, Kochwurst, luftgetrocknete Wurst und Gänsefleischstücke in einen Steingut-Schmortopf schichten. Die oberste Schicht sollte aus Bohnen bestehen. So viel Kochflüssigkeit dazugießen, daß alle Zwischenräume ausgefüllt sind, die Flüssigkeit aber nicht bis zur obersten Bohnenschicht reicht. Die restliche Kochflüssigkeit aufbewahren. Den Topf ohne Deckel in den auf 130 Grad vorgeheizten Backofen stellen und das Cassoulet 1½ Stunden garen. Die Kruste, die sich beim Backen bildet, während der Garzeit 6- bis 8mal aufbrechen und mit der Kochflüssigkeit begießen. Das fertige Gericht im Schmortopf servieren.

BOHNENEINTOPF MIT LAMMFLEISCH UND RÜBEN

Die Butter erhitzen, das Fleisch und die Rüben darin goldbraun braten. Knoblauch und Mehl dazugeben und 5 Minuten dünsten. Das Wasser dazugießen, mit Salz und Pfeffer würzen, das Bouqet garni und die Tomaten hinzufügen. Zugedeckt 50 Minuten bei schwacher Hitze garen.

Den Inhalt der Pfanne in ein Sieb geben und abtropfen lassen, die Garflüssigkeit auffangen und beiseite stellen. Fleisch und Gemüse in einen Schmortopf geben, die Speckstreifen und die Perlzwiebeln darauf verteilen und zuletzt die weißen Bohnen hinzufügen. Die Garflüssigkeit entfetten und ebenfalls in den Schmortopf geben. Den Eintopf zum Kochen bringen, dann den Deckel auflegen. Im vorgeheizten Backofen bei 170 Grad während 40 bis 50 Minuten garen.

FÜR 6 PERSONEN
750 g weiße Bohnen, über Nacht eingeweicht, im Einweichwasser gekocht und abgetropft
60 g Butter
500 g Lammschulter, in Würfel geschnitten
2 weiße Rüben, in dünne Scheiben geschnitten
4 Knoblauchzehen, zerdrückt
30 g Mehl
1 l Wasser
Salz
Pfeffer, frisch gemahlen
1 Bouquet garni (Lauch, Sellerie, Karotte)
3 Tomaten, abgezogen, entkernt und grob gehackt
200 g frischer, durchwachsener Speck, in Streifen geschnitten, blanchiert und in Butter angebraten
250 g frische Perlzwiebeln, in Butter goldgelb geschwenkt

Kichererbsen mit Kürbis und Kräutern*

Für 6 Personen
400 g Kichererbsen, über Nacht eingeweicht und abgetropft
200 g Kürbisfleisch, in grobe Würfel geschnitten
3 Knoblauchzehen, gehackt
3 EL Olivenöl
200 g Tomaten, abgezogen, entkernt und gehackt
1 hartgekochtes Ei, fein gehackt
1 Schuß Sherry
Salz
schwarzer Pfeffer, frisch gemahlen
3 EL Petersilie, fein gehackt
2 EL Schnittlauch, fein geschnitten

Die Kichererbsen mit den Kürbiswürfeln in 2 l kaltem Wasser aufsetzen und zugedeckt bei schwacher Hitze 2½ Stunden garen, bis sie weich sind. Abtropfen lassen. In einem glasierten Römertopf den Knoblauch in Öl hellbraun braten. Die Tomaten und den durch ein Sieb passierten Kürbis dazugeben. Mit Sherry, Ei, Salz und Pfeffer würzen. Die Kichererbsen unter das Gemüse mischen, aufkochen und zuletzt mit Petersilie und Schnittlauch bestreuen.

Kidney-Bohnen mit Schweinefleisch und Garnelen

Für 4 Personen
200 g Kidney-Bohnen, 2 bis 3 Stunden eingeweicht und abgetropft
2 gehackte Knoblauchzehen
1 gehackte Zwiebel
30 g Schweineschmalz
180 g Schweineschulter, in kleine Stücke geschnitten
2 dl Weißwein
4 EL Tomatenmark
180 g Garnelen, aus den Schalen gelöst, die Därme entfernt, zuerst längs, dann quer halbiert
Salz und Pfeffer

Die Bohnen im Einweichwasser in etwa 50 bis 60 Minuten gar kochen, abtropfen lassen und warm halten. Die Knoblauchzehen im Schweineschmalz anziehen, die gehackten Zwiebeln dazugeben und glasig dünsten. Anschließend das Schweinefleisch mit dem Weißwein und dem Tomatenmark hinzufügen und alles zugedeckt unter gelegentlichem Rühren ungefähr 30 Minuten schmoren. Die Garnelen beigeben, mit Salz und Pfeffer würzen und weitere 10 Minuten zugedeckt garen. Zum Schluß die heißen Kidney-Bohnen in den Topf geben. Umrühren und wenn nötig nachwürzen.

Linsen mit Ochsenschwanz an Sauerrahm

Die Linsen abspülen und in der Fleischbrühe zusammen mit der gespickten Zwiebel, den Schinken- und den Kartoffelwürfeln in etwa 45 Minuten gar köcheln lassen.

In einem Bräter die Ochsenschwanzstücke in Öl bei starker Hitze von allen Seiten gut anbraten. Knoblauch, Sellerie, Karotten, Lauch und Zwiebeln kurz mitdünsten. Das Tomatenmark dazugeben, gelegentlich umrühren und nach 5 Minuten den Rotwein angießen. Zugedeckt 2 Stunden schmoren lassen, bis das Fleisch sehr weich ist, dabei öfters umrühren. Die Ochsenschwanzstücke herausnehmen, das Fleisch von den Knochen lösen, solange es noch warm ist, und in Würfel schneiden. Fleischwürfel, Gemüse und Brühe mit den Linsen mischen. Den Sauerrahm dazugeben und noch einmal aufkochen lassen. Vor dem Servieren mit Salz und Pfeffer abschmecken.

Für 6 Personen
500 g braune Linsen, über Nacht eingeweicht
3 l kräftige Fleischbrühe
1 große Zwiebel, gespickt mit Nelke und Lorbeerblatt
1 große Zwiebel, gehackt
2 Scheiben Schinken, in kleine Würfel geschnitten
400 g Kartoffeln, geschält und in 1½ cm große Würfel geschnitten
1 Ochsenschwanz, in Scheiben geschnitten
2 EL Öl
2 Knoblauchzehen, zerdrückt
½ Sellerieknolle, in Würfel geschnitten
1 Lauchstengel, gewaschen, längs halbiert und in Streifen geschnitten
2 Karotten, in Scheiben geschnitten
2 EL Tomatenmark
1 l Rotwein
2½ dl dicker Sauerrahm
Salz
Pfeffer, frisch gemahlen

Gemüse – süss und verführerisch

Karottensorbet mit Lavendel

Für 6 Personen
80 g Zucker
1 Zitrone und
1 Orange, Saft
ausgepreßt
½ TL Lavendelblüten
2½ dl Karottensaft
einige Tropfen
Tabasco

Zucker, Zitronen- und Orangensaft in einer Schüssel miteinander verrühren und die Lavendelblüten hineingeben. Zugedeckt 1 Stunde ziehen lassen. Danach die Lavendelblüten herausnehmen. Den Karottensaft mit dem Zitrus-Lavendel-Sirup gut verrühren und mit Tabasco abschmecken. In der Eismaschine gefrieren. Zum Servieren in vorgekühlte Gläser füllen und mit Karottenkraut ausgarnieren.

Selleriecreme

Für 6 Personen
½ l Sahne
⅓ Sellerieknolle,
geschält und in
Viertel geschnitten
½ Vanillestange
4 Eigelb
90 g Zucker

Die Sahne aufkochen. Die Vanillestange und die Sellerieviertel dazugeben und bei niedriger Temperatur 20 Minuten köcheln lassen, bis die Sahne den Selleriegeschmack angenommen hat. In der Zwischenzeit Eigelb und Zucker schaumig schlagen. Die heiße Sahne langsam hineinrühren (Sellerie und Vanille vorher entfernen). Die Creme durch ein Sieb passieren und in Soufflé-förmchen einfüllen. Im Wasserbad bei schwacher Hitze oder im vorgeheizten Backofen in einem Wasserbad bei 170 Grad etwa 25 Minuten garen, bis die Creme fest ist. Auskühlen lassen und stürzen. Dazu paßt Beeren- oder Früchtekompott.

Kürbiskompott mit Dörrobst und Thymian

Für 4 Personen
500 g Kürbis, in
1½ cm große Würfel
geschnitten
300 g gemischtes
Dörrobst
(Aprikosen, entsteinte
Backpflaumen,
Birnen, Feigen und
Apfelviertel)
2 bis 3 EL Wasser
60 g Honig
1 kleines Zweiglein
Thymian

Kürbis und Dörrobst lagenweise in einen Topf mit gutschließendem Deckel einschichten. Das Wasser angießen und das Thymianzweiglein obenauf legen. Zugedeckt bei sehr schwacher Hitze 25 Minuten ziehen lassen, bis die Früchte gar sind und die Kürbisflüssigkeit von den Trockenfrüchten aufgesogen ist. Kurz vor Ende der Garzeit den Honig dazugeben, vorsichtig vermengen und auskühlen lassen. Nach Wunsch mit geschlagener Sahne servieren.

Süsse Kürbismousse

Butter, Zucker, Orangen- und Zitronensaft in eine passende Kasserolle geben und aufkochen. Den geriebenen Kürbis dazugeben und langsam dünsten, bis ein Püree entsteht.

Die Kasserolle von der Kochstelle nehmen, das Püree leicht auskühlen lassen und durch ein Sieb streichen. Die weiße Couverture zerhacken und in einer Schüssel im heißen Wasserbad auflösen. Ei und Eigelb schaumig aufschlagen, das Kürbispüree mit der weißen Schokolade daruntermischen. Unter die abgekühlte Masse die Schlagsahne und die gehackten Estragonblätter heben. Die Mousse in passende Formen oder Schüsseln füllen und 3 bis 4 Stunden durchkühlen lassen. Dazu servieren Sie Sanddornsirup oder eine andere Frucht- oder Beerensauce.

Für 6 Personen
300 g Kürbis, fein gerieben
1 EL Butter
100 g Zucker
1 Zitrone und
1 Orange, Saft ausgepreßt
250 g weiße Schokoladencouverture
1 Eigelb
1 Ei
6 Estragonblätter, fein gehackt
2½ dl geschlagene Sahne
1½ dl Sanddornsirup (Rezept Seite 35)

Kartoffel-Walnuss-Pudding

Die abgekühlten Kartoffeln schälen und fein reiben. 200 g Walnüsse mahlen und mit dem Lebkuchengewürz und dem Zucker mischen. Die Mischung zum geschlagenen Eigelb geben. Eiweiß steif schlagen und darunterziehen. Die Masse in eine gebutterte Form füllen, diese mit Alufolie bedecken und in ein Wasserbad stellen. Im Ofen bei 160 bis 170 Grad während 1½ Stunden garen. Die Butter in einer Bratpfanne zerlassen. Die restlichen Walnußkerne darin braun braten, das Kirschwasser dazugeben und die Nüsse erkalten lassen. Den abgekühlten Pudding stürzen, mit der Sahne bedecken und mit den Walnußkernen verzieren.

Für 6 Personen
200 g Kartoffeln, in der Schale gekocht
350 g Walnußkerne
½ TL Lebkuchengewürz
280 g Zucker
4 Eier, Eigelb und Eiweiß getrennt
60 g Butter
1 TL Kirschwasser
1½ dl halbsteif geschlagene Sahne

Pastinaken-Cake

Die Pastinaken fein raffeln und mit dem Zwetschgenwasser vermischen. Eigelb, Birnendicksaft und Lebkuchengewürz schaumig aufschlagen. Haselnüsse mit Mehl und Backpulver vermischt daruntergeben. Die Pastinaken nach und nach unterrühren. Das Eiweiß mit Salz zu Schnee schlagen und sorgfältig unter die Masse heben. In eine gut gebutterte Cakeform einfüllen und sofort im vorgeheizten Backofen bei 190 Grad 50 bis 60 Minuten backen. Nach 1 bis 2 Tagen wird der Cake wunderbar saftig. Vor dem Servieren mit Puderzucker bestreuen.

300 g Pastinaken
25 g Zwetschgenwasser
6 Eigelb
1 dl Birnendicksaft (Rezept Seite 93)
½ TL Lebkuchengewürz
300 g geriebene Haselnüsse
80 g Mehl
1 EL Backpulver
6 Eiweiß
1 Prise Salz
Puderzucker

Kartoffel-Schokoladen-Torte

Ergibt eine Torte von 22 cm Durchmesser
2 mittelgroße Kartoffeln
4 EL Milch
15 g Butter
90 g halbbittere Schokoladencouverture
125 g weiche Butter
400 g Zucker
1½ TL Natron, in 4 EL Wasser aufgelöst
4 große Eier, Eigelb und Eiweiß getrennt
250 g Mehl
2 TL Backpulver
½ TL Salz
1 dl Milch
1 Vanilleschote, das Mark ausgekratzt

Schokoladen-Mokka-Creme
75 g Butter
500 g Puderzucker
½ TL Salz
4 EL Kakaopulver
5 EL sehr starker Espresso
1 Vanilleschote, das Mark ausgekratzt

Aus Kartoffeln, Milch und Butter ein Kartoffelpüree herstellen und im Wasserbad warm halten. Schokoladencouverture im Wasserbad schmelzen. Den Backofen auf 190 Grad vorheizen. Zwei runde Backformen von 22 cm Durchmesser mit Butter ausstreichen und mit Mehl ausstreuen. Butter und Zucker schaumig rühren, das heiße Kartoffelpüree und die geschmolzene Couverture hinzufügen und gut verrühren. Das Natron sowie das schaumig geschlagene Eigelb darunterrühren. Mehl, Backpulver und Salz mischen und 2mal sieben. Die Mehlmischung unter ständigem Rühren nach und nach zum Teig geben. Anschließend das Vanillemark hinzufügen. Zuletzt das zu Schnee geschlagene Eiweiß behutsam unterheben. Den Teig je zur Hälfte in die beiden Formen geben und im vorgeheizten Backofen etwa 40 Minuten backen. Die Garprobe machen: Wenn man in der Mitte des Tortenbodens mit einem Holzstäbchen einsticht, darf beim Herausziehen kein Teig mehr haften bleiben. Die Tortenböden aus den Formen nehmen und auf einem Kuchengitter vollständig auskühlen lassen.

Für die Schokoladen-Mokka-Creme die Butter glattrühren. Puderzucker, Salz und Kakaopulver zusammen sieben und nach und nach unter die Butter rühren. Den Kaffee dazugeben und rühren, bis die Mischung cremig ist. Das Vanillemark hinzufügen. Den einen Tortenboden mit Creme bestreichen. Den zweiten Boden daraufsetzen und die Torte mit der restlichen Creme ganz überziehen.

TIPS ZUM SAMMELN UND AUFBEWAHREN VON WILDPFLANZEN

Wer Felder, Wiesen und Wälder durchstreift, um Kräuter und Pflanzen für die Naturküche zu sammeln, sollte wissen, wie man sich dabei richtig verhält. Es wäre falsch verstandene Liebe zur Natur, wenn wir unsere Wildpflanzen wahllos pflücken würden. Für die Rezepte der Wildkräuterküche genügen oft schon kleine Mengen. Von Pflanzen, die unter Naturschutz stehen, halten wir uns selbstverständlich fern. Das Sammeln ist also nur dort erlaubt, wo die Pflanzen in reichlicher Menge wachsen. Gepflückt wird davon höchstens ein Zehntel. Blüten und Blätter einzeln mit der Schere abschneiden oder sorgfältig abzupfen. Niemals ganze Zweige abreißen oder gar Wildpflanzen mitsamt ihren Wurzeln ausgraben. Durch verantwortungsbewußtes Verhalten tragen wir zum Fortbestand unserer einheimischen Pflanzenwelt bei.

Gesammelt werden die noch geschlossenen Knospen, die voll entfalteten Blüten und die vollständig ausgereiften Früchte der Wildpflanzen. Immer nur trockene Pflanzen pflücken, da sie sich sonst beim späteren Trocknen verfärben oder gar schimmeln. Zum Sammeln am besten kleine Jute- oder Leinensäcke oder – vor allem für Beeren – Körbe verwenden.

Zu meiden sind Kartoffel- und Getreidefelder sowie die Umgebung von Obstbäumen, weil hier meistens mit giftigen Mitteln gespritzt wird. In der Nähe von Straßen ist die Schadstoffbelastung zu hoch.

Kräuter und Pflanzen, die nicht frisch verwendet werden, kann man trocknen (auf Küchenpapier oder Tüchern an einem luftigen, schattigen Ort oder notfalls bei niedrigster Temperatur im offenen Backofen). Die meisten können auch eingefroren und einige in Öl oder Essig eingelegt werden. Die getrockneten Pflanzen gut verschlossen an einem trockenen, dunklen Ort aufbewahren.

Die Sammelzeiten können je nach Wetterverlauf und Standort variieren. In den Bergen blühen und reifen die Pflanzen und Früchte oft bis zu drei Wochen später als im Flachland.

	Januar	Februar	März	April	Mai	Juni	Juli	August	September	Oktober	November	Dezember
HAUPTERNTEZEITEN DER BAUM-, BEEREN-, FELD-, WALD- UND HECKENFRÜCHTE												
Berberitze										nach dem 1. Frost		
Brombeere							◆	◆				
Eberesche									◆	◆		
Edelkastanie										◆		
Eiche										◆		
Fichtensprossen					◆	◆						
Hagebutte (Hundsrose)									◆	◆	◆	
Haselnuß									◆	◆		
Heidelbeere							◆	◆				
Himbeere							◆	◆	◆			
Holunder rot							◆	◆				
Holunder schwarz									◆	◆		
Kartoffelrose									◆	◆		
Kornelkirsche								◆	◆			
Mehlbeere									◆	◆		
Mispel											nach dem 1. Frost	
Moosbeere									◆	◆		
Preiselbeere								◆	◆			
Sanddorn									◆	◆		
Schlehdorn (Schwarzdorn)										◆	◆	
Vogelkirsche							◆	◆				
Wacholder									◆	◆		
Walderdbeere						◆	◆	◆				
Walnuß										◆	◆	
Weißdorn									◆	◆		
HAUPTERNTEZEITEN DER WILDGEMÜSE												
Bärlauch*				◆	◆							
Brennessel				◆	◆							
Brunnenkresse			◆	◆	◆							
Gänseblümchen				◆	◆	◆	◆	◆				
Hopfen						◆	◆					
Löwenzahn				◆	◆							
Pastinak										◆		
Sauerampfer				◆	◆	◆	◆	◆				

* Erntezeit vor der Blütezeit

	Januar	Februar	März	April	Mai	Juni	Juli	August	September	Oktober	November	Dezember
Ackerminze						◆	◆	◆	◆			
Ackersenf					◆	◆	◆	◆	◆	◆		
Aronstab			◆	◆								
Bachbunge					◆	◆	◆	◆				
Birke				◆	◆							
Bitteres Schaumkraut			◆	◆	◆	◆						
Brennessel				◆	◆							
Feldquendel (Dost)						◆	◆	◆	◆			
Feldsalat			◆	◆								
Frauenmantel					◆	◆	◆	◆				
Gänseblümchen				◆	◆	◆	◆	◆				
Gundelrebe				◆	◆							
Hirtentäschel				◆	◆	◆	◆	◆	◆	◆	◆	◆
Huflattich	◆	◆	◆									
Echte Kamille					◆	◆	◆	◆				
Kümmel							◆	◆				
Lavendel							◆	◆				
Löwenzahn				◆	◆							
Wilder Majoran (Oregano)							◆	◆				
Milzkraut			◆	◆	◆							
Mohn-Klatsch									◆			
Pimpernelle				◆	◆	◆	◆					
Portulak						◆	◆	◆	◆			
Ringelblume						◆	◆	◆	◆	◆		
Sauerampfer				◆	◆	◆	◆	◆				
Sauerklee					◆	◆	◆					
Scharbockskraut*			◆	◆								
Schlüsselblume			◆	◆	◆							
Schnittlauch wild				◆	◆	◆						
Spitzwegerich				◆	◆	◆	◆	◆	◆			
Stiefmütterchen				◆	◆	◆	◆	◆	◆	◆		
Sumpfdotterblume				◆	◆							
Veilchen			◆	◆								
Waldmeister*				◆	◆							
Wiesenkerbel				◆	◆							
Wiesenklee rot und weiß					◆	◆	◆	◆				
Wiesensalbei					◆	◆	◆					
Winterlinde/Sommerlinde						◆	◆					

HAUPTERNTEZEITEN DER WILDKRÄUTER UND WILDSALATE

Rezeptverzeichnis nach Speisenfolge

Suppen
Erbsenschaumsuppe mit Minze 149
Erbsensuppe mit Schweinsschnörrli 147
Garnelensuppe mit Pistazien 132
Hagebuttensuppe mit Ringelblumenblüten 55
Haselnußsuppe 105
Kardyschaumsuppe mit Champignons 143
Kastaniensuppe mit Vogelmiere 112
Kürbiscremesuppe mit Borretschblüten 58
Maissuppe mit Pfifferlingen 24
Marmorierte Rebhuhnsuppe 78
Pastinakensuppe mit Haselnüssen 128
Sanddornkaltschale 35
Süße Schwarzdorn-Kürbis-Suppe 46
Walnuß-Grünkern-Suppe 105
Weiße Zwiebelsuppe 139
Zwetschgenkaltschale mit süßem Eierstich 10

Salate und kleine Gerichte
Berner Zwiebelkuchen* 139
Birnensalat mit karamelisierten Walnüssen 104
Das blaue Kartoffelwunder mit braisiertem Kalbsfuß und Herbsttrompeten 133
Fasanenparfait mit Walnüssen 77
Fenchel-Chicorée-Salat mit Weizenkeimlingen und gebratenen Wachtelbrüstchen 132
Feuerbohnensalat mit Chicorée 149
Haselnuß-Kürbis-Torte mit Oliven* 106
Hasen-Steinpilz-Terrine mit Holunderchutney 76
Herbstsalat mit gebackenen Parasolhüten 70
Herbstsalat mit Haselnüssen 104
Kastanienterrine mit Hagebutten 111
Kürbis-Pilz-Salat, lauwarm serviert 58
Kürbis-Sauerampfer-Terrine mit Hagebuttensauce* 24
Kürbistorte mit Borretschblüten* 60
Ländlicher Herbstsalat 100
Mariniertes Rehrückenfilet auf Blattspinat mit Linsen 75
Pastinakensalat mit Birnen und Walnüssen 127
Pastinaken-Soufflé mit Steinpilzen und Bärlauch* 128
Pilz-Kürbis-Terrine mit Holunderchutney 54
Saiblingmousse mit Trauben und Trüffeln 71
Stachyssalat mit Trauben und Nüssen 136
Sülze nach Großmutters Rezept 147

Fisch und Meerfrüchte
Flunderfilets an Apfelweinsauce mit süß-sauren Preiselbeeren 25
Gebackene Brasse in Weinblättern mit Fenchel 55
Kidney-Bohnen mit Schweinefleisch und Garnelen 152
Saiblingmousse mit Trauben und Trüffeln 71
Steinbuttfilets an Zwiebelsauce 140

Geflügel
Ente mit Feigen 142
Fasanenbrüstchen an grüner Apfelsauce 80
Gänseragout mit Äpfeln 142
Geschmortes Perlhuhn mit Feigen 121
Martinsgans 141
Rebhuhn mit Wirsing und süß-sauren Kornelkirschen 79
Rebhühner mit grünen Weintrauben 101
Wachteln in Weinblättern mit Weinbeeren 101
Wildente mit Linsen und grünen Nüssen 78

Fleisch und Wurst
Bauernbratwurst mit Pistazien 146
Blutwurst mit Sahne 145
Bohneneintopf mit Lammfleisch und Rüben 151
Fenchel-Paprika-Wurst 145
Gekochtes Rindfleisch und Birnensturm 66
Geräucherte Streichleberwurst 146
Geschmorte Hasenkeulen mit Heidelbeersauce 85

Hasenpfeffer 81
Kalbsrouladen mit Kräuterfüllung auf
  Getreiderisotto 26
Kalbsschmorbraten mit Zwiebeln und
  Salbei 140
Kastanieneintopf mit Speck und
  Wirsing 114
Kidney-Bohnen mit Schweinefleisch und
  Garnelen 152
Lammkeulensteaks mit Kürbis und
  Pfefferminze 71
Linsen mit Ochsenschwanz an
  Sauerrahm 153
Rehkoteletts an Vogelbeer-Apfel-Sauce 84
Rehrückenfilets an Orangensauce 84
Schwarzweißes Filet auf Rahmspinat mit
  Preiselbeeren 134
Schweinefilet mit Haselnüssen und
  Salbei 56
Wildhackbraten mit Pilzsauce 87
Wildschweinbraten mit Kirschensauce 86

Gemüse und Pilze
Blanchierte Kardy (Grundrezept) 143
Blinis mit Pilzragout* 17
Gekochte Stachys (Grundrezept) 136
Geschmorte Steinpilze 19
Herbstsalat mit gebackenen
  Parasolhüten 70
Kardygratin mit Spinat* 144
Kürbis-Pilz-Salat, lauwarm serviert 58
Kürbisgratin* 60
Pastinaken-Lauch-Gemüse mit
  Gartenkräutern* 128
Pilz-Kürbis-Terrine mit Holunder-
  chutney 54
Pilzcarpaccio* 16
Pilzsuppe mit Waldkräutern 18
Pilztartar* 16
Stachys-Pilz-Eintopf* 137
Stachysgratin* 137

Teigwaren, Getreide, Hülsenfrüchte
Bohneneintopf mit Lammfleisch und
  Rüben 151
Cassoulet «Toulouser Art» 150
Feuerbohnensalat mit Chicorée 149
Grießschnitten mit Mohnsamen 88
Haselnußnudeln 106
Haselnußrisotto mit Lauchgemüse* 107
Kichererbsen mit Kürbis und
  Kräutern* 152
Kidney-Bohnen mit Schweinefleisch und
  Garnelen 152

Linsen mit Ochsenschwanz an
  Sauerrahm 153
Polenta mit Pilzen und Kräutern 89
Wirsingrisotto 88

Beilagen, Saucen, Marinaden
Gekochte Marinade 82
Geröstete Kastanien 111
Gesalzene Kastanienkroketten 113
Grießschnitten mit Mohnsamen 88
Hagebuttensauce 24
Kirschensauce 86
Klöße aus Hüttenkäse und Schnittlauch 89
Kürbisklößchen mit Kräutern 89
Pilzsauce 87
Polenta mit Pilzen und Kräutern 89
Preiselbeermarksauce 43
Quittenkäse 96
Rohe Marinade 82
Sanddornsauce 26
Süße Kastanienkroketten 113
Trockene Marinade 82
Vogelbeer-Apfel-Sauce 29
Weißdornsauce mit Holunder 51
Wildsauce 83
Wirsingrisotto 88

Süssspeisen
Champagnerapfel mit Holundersorbet
  und Feigen 72
Feigen in Portwein mit Sabayon 123
Feigengratin 122
Frische Feigen an Holundersauce mit
  Kastanienmousse 134
Holundersorbet 32
Karottensorbet mit Lavendel 154
Kartoffel-Walnuß-Pudding 155
Kastanienparfait 117
Königlicher Getreidepudding auf
  Preiselbeermarksauce 43
Kürbiskompott mit Dörrobst und
  Thymian 154
Mutters Zwetschgenknödel 11
Quittenparfait 95
Rosmarinbirne mit Bitterschokoladen-
  sauce 56
Sanddorn-Quark-Parfait mit
  Zwetschgen 36
Sanddornköpfchen 36
Schlehensorbet 48
Schwarzdorn-Birnen-Mousse 47
Schwarze Holundercreme mit Grieß 32
Selleriecreme 154
Süße Kürbismousse 155
Verrückt gewürzte Kompottbirnen 93

Walnußparfait 108
Walnußpudding mit Quittenkonfekt und
   Zimtsabayon 107
Weißdorn-Birnen-Creme 51
Winzers Lieblingscreme 102
Zwetschgenparfait an Sanddornsauce 26

GEBÄCK UND KONFEKT
Apfelbrötchen 91
Brot-Apfel-Kuchen 92
Feigenrollen 122
Gebrannte Mandeln 65
Großmutters Zwetschgentorte 11
Haselnuß-Biskuitroulade 109
Holunder-Pie 32
Kartoffel-Schokoladen-Torte 156
Kastanienkuchen 115
Kastanienkugeln nach Großmutters
   Rezept 116
Kürbiskuchen nach alter Tradition 61
Magenbrot 65
Mehlbeerbrötchen 40
Pastinaken-Cake 155
Quittenkonfekt mit Vanille 98
Quittentorte zum Verlieben 97
Verführerische Traubentorte 102
Vogelbeerplätzchen 30
Walnuß-Schokoladen-Torte 109
Weißweinfladenkuchen mit Zimt und
   Kakao 73

GETRÄNKE
Ebereschenkaffee 125
Eichelkaffee 125
Frischer Apfelsaft 91
Holunderlikör 33
Holunderwein 33
Honig-Preiselbeer-Wein 43
Löwenzahnwurzelkaffee 125
Mehlbeeren-Ratafia 40
Pasteurisierter Apfelsaft 91
Quittenlikör mit Perzipan 99
Schlehenbalsam 48
Schlehenlikör 48
Vogelbeerschnaps 30
Wacholderlikör 38

EINGEMACHTES, EINGELEGTES
Apfelgelee 92
Birnendicksaft 93
Eingekochtes Zwetschgenmus 13
Eingelegte Feigen mit Vanille 123
Eingemachte Kardy 144
Eingemachte Kastanien in
   Sirup 114
Eingemachte Quitten mit Ingwer 96
Eingemachter süßer Kürbissalat 61
Eingemachtes Traubenkompott 103
Essigzwetschgen 12
Feigenmarmelade mit Birnen und
   Orangen 123
Gekochter Quittensirup mit Minze 95
Gewürzbirnen in Rotwein und
   Armagnac 93
Gewürzquitten 97
Holunder-Brombeer-Marmelade 33
Holunderchutney 31
In Essig eingelegte Pilze 20
Kastanienmarmelade mit Kirsch 117
Kürbis süß-sauer 59
Mispelgelee 49
Pikante Schlehen 45
Pilze in Kräuteröl 20
Preiselbergelee mit Birnensaft 42
Preiselbeerkompott 42
Preiselbeermarmelade 43
Quittengelee 95
Quittenmarmelade mit Orangen 96
Sanddorngelee 35
Sanddornsirup 35
Schlehen-Brombeer-Paste 45
Schlehen-Quitten-Gelee 46
Schlehensirup 44
Schwarzer Holundersirup 31
Senfkürbis mit Gartenkräutern 59
Süß-sauer eingelegte Preiselbeeren 42
Süß-saure Schlehen 45
Trauben in Cognac 103
Traubengelee mit Minze 103
Vogelbeer-Birnen-Gelee 29
Vogelbeergelee 28
Wacholdermelasse 38
Wacholderöl 38
Wacholdersirup 37
Weinbrandkastanien mit Vanille 117
Weißdorn-Birnen-Marmelade mit
   Rosinen 51
Würziges Apfelmus mit Piment 92
Zwetschgen in Rotwein 12
Zwetschgenkonfitüre mit Nüssen 12

Alphabetisches Rezeptverzeichnis

Apfelbrötchen 91
Apfelgelee 92
Apfelmus mit Piment 92
Apfelsaft, frisch 91
Apfelsaft, pasteurisiert 91
Bauernbratwurst mit Pistazien 146
Berner Zwiebelkuchen* 139
Birnendicksaft 93
Birnensalat mit karamelisierten
 Walnüssen 104
Blanchierte Kardy (Grundrezept) 143
Blinis mit Pilzragout* 17
Blutwurst mit Sahne 145
Bohneneintopf mit Lammfleisch und
 Rüben 151
Brasse in Weinblättern mit Fenchel 55
Brot-Apfel-Kuchen 92
Cassoulet «Toulouser Art» 150
Champagnerapfel mit Holundersorbet
 und Feigen 72
Das blaue Kartoffelwunder mit braisiertem
 Kalbsfuß und Herbsttrompeten 133
Eberschenkaffee 125
Eichelkaffee 125
Eingekochtes Zwetschgenmus 13
Eingelegte Feigen mit Vanille 123
Eingemachte Kardy 144
Eingemachte Kastanien in Sirup 114
Eingemachte Quitten mit Ingwer 96
Eingemachter süßer Kürbissalat 61
Eingemachtes Traubenkompott 103
Ente mit Feigen 142
Erbsenschaumsuppe mit Minze 149
Erbsensuppe mit Schweinsschnörrli 147
Essigzwetschgen 12
Fasanenbrüstchen an grüner Apfelsauce 80
Fasanenparfait mit Walnüssen 77
Feigen in Portwein mit Sabayon 123
Feigengratin 122
Feigenmarmelade mit Birnen und
 Orangen 123
Feigenrollen 122
Fenchel-Chicorée-Salat mit Weizen-
 keimlingen und gebratenen
 Wachtelbrüstchen 132

Fenchel-Paprika-Wurst 145
Feuerbohnensalat mit Chicorée 149
Flunderfilets an Apfelweinsauce mit
 süß-sauren Preiselbeeren 25
Frische Feigen an Holundersauce mit
 Kastanienmousse 134
Frischer Apfelsaft 91
Gänseragout mit Äpfeln 142
Garnelensuppe mit Pistazien 132
Gebackene Brasse in Weinblättern mit
 Fenchel 55
Gebrannte Mandeln 65
Gekochte Marinade 82
Gekochte Stachys (Grundrezept) 136
Gekochter Quittensirup mit Minze 95
Gekochtes Rindfleisch und Birnensturm 66
Geräucherte Streichleberwurst 146
Geröstete Kastanien 111
Gesalzene Kastanienkroketten 113
Geschmorte Hasenkeulen mit
 Heidelbeersauce 85
Geschmorte Steinpilze 19
Geschmortes Perlhuhn mit Feigen 121
Gewürzbirnen in Rotwein und
 Armagnac 93
Gewürzquitten 97
Grießschnitten mit Mohnsamen 88
Großmutters Zwetschgentorte 11
Hagebuttensauce 24
Hagebuttensuppe mit Ringelblumen-
 blüten 55
Haselnuß-Biskuitroulade 109
Haselnuß-Kürbis-Torte mit Oliven* 106
Haselnußnudeln 106
Haselnußrisotto mit Lauchgemüse* 107
Haselnußsuppe 105
Hasen-Steinpilz-Terrine mit
 Holunderchutney 76
Hasenkeulen mit Heidelbeersauce 85
Hasenpfeffer 81
Herbstsalat 100
Herbstsalat mit gebackenen
 Parasolhüten 70
Herbstsalat mit Haselnüssen 104
Holunder-Brombeer-Marmelade 33

Holunder-Pie 32
Holunderchutney 31
Holundercreme mit Grieß 32
Holunderlikör 33
Holundersirup 31
Holundersorbet 32
Holunderwein 33
Honig-Preiselbeer-Wein 43
In Essig eingelegte Pilze 20
Kalbsrouladen mit Kräuterfüllung auf Getreiderisotto 26
Kalbsschmorbraten mit Zwiebeln und Salbei 140
Kardy (Grundrezept) 143
Kardygratin mit Spinat* 144
Kardyschaumsuppe mit Champignons 143
Karottensorbet mit Lavendel 154
Kartoffel-Schokoladen-Torte 156
Kartoffel-Walnuß-Pudding 155
Kastanien in Sirup 114
Kastanieneintopf mit Speck und Wirsing 114
Kastanienkroketten, gesalzen 113
Kastanienkroketten, süß 113
Kastanienkuchen 115
Kastanienkugeln nach Großmutters Rezept 116
Kastanienmarmelade mit Kirsch 117
Kastanienparfait 117
Kastaniensuppe mit Vogelmiere 112
Kastanienterrine mit Hagebutten 111
Kichererbsen mit Kürbis und Kräutern* 152
Kidney-Bohnen mit Schweinefleisch und Garnelen 152
Kirschensauce 86
Klöße aus Hüttenkäse und Schnittlauch 89
Königlicher Getreidepudding auf Preiselbeermarksauce 43
Kürbis süß-sauer 59
Kürbis-Pilz-Salat, lauwarm serviert 58
Kürbis-Sauerampfer-Terrine mit Hagebuttensauce* 24
Kürbiscremesuppe mit Borretschblüten 58
Kürbisgratin* 60
Kürbisklößchen mit Kräutern 89
Kürbiskompott mit Dörrobst und Thymian 154
Kürbiskuchen nach alter Tradition 61
Kürbismousse 155
Kürbistorte mit Borretschblüten* 60
Lammkeulensteaks mit Kürbis und Pfefferminze 71
Ländlicher Herbstsalat 100

Linsen mit Ochsenschwanz an Sauerrahm 153
Löwenzahnwurzelkaffee 125
Magenbrot 65
Maissuppe mit Pfifferlingen 24
Marinaden für Wild 82
Mariniertes Rehrückenfilet auf Blattspinat mit Linsen 75
Marmorierte Rebhuhnsuppe 78
Martinsgans 141
Mehlbeerbrötchen 40
Mehlbeeren-Ratafia 40
Mispelgelee 49
Mutters Zwetschgenknödel 11
Pasteurisierter Apfelsaft 91
Pastinaken-Cake 155
Pastinaken-Lauch-Gemüse mit Gartenkräutern* 128
Pastinaken-Soufflé mit Steinpilzen und Bärlauch* 128
Pastinakensalat mit Birnen und Walnüssen 127
Pastinakensuppe mit Haselnüssen 128
Perlhuhn mit Feigen 121
Pikante Schlehen 45
Pilz-Kürbis-Terrine mit Holunderchutney 54
Pilzcarpaccio* 16
Pilze, in Essig eingelegt 20
Pilze in Kräuteröl 20
Pilzsauce 87
Pilzsuppe mit Waldkräutern 18
Pilztartar* 16
Polenta mit Pilzen und Kräutern 89
Preiselbeeren, süß-sauer eingelegt 42
Preiselbeergelee mit Birnensaft 42
Preiselbeerkompott 42
Preiselbeermarksauce 43
Preiselbeermarmelade 43
Quittengelee 95
Quittenkäse 96
Quittenkonfekt mit Vanille 98
Quittenlikör mit Perzipan 99
Quittenmarmelade mit Orangen 96
Quittenparfait 95
Quittensirup mit Minze 95
Quittentorte zum Verlieben 97
Rebhuhn mit Wirsing und süß-sauren Kornelkirschen 79
Rebhühner mit grünen Weintrauben 101
Rebhuhnsuppe 78
Rehkoteletts an Vogelbeer-Apfel-Sauce 84
Rehrückenfilet, mariniert 75
Rehrückenfilets an Orangensauce 84
Rohe Marinade 82

Rosmarinbirne mit Bitterschokoladen-
  sauce 56
Saiblingmousse mit Trauben und
  Trüffeln 71
Sanddorn-Quark-Parfait mit
  Zwetschgen 36
Sanddorngelee 35
Sanddornkaltschale 35
Sanddornköpfchen 36
Sanddornsauce 26
Sanddornsirup 35
Schlehen, pikant 45
Schlehen, süß-sauer 45
Schlehen-Brombeer-Paste 45
Schlehen-Quitten-Gelee 46
Schlehenbalsam 48
Schlehenlikör 48
Schlehensirup 44
Schlehensorbet 48
Schokoladensauce 56
Schwarzdorn-Birnen-Mousse 47
Schwarzdorn-Kürbis-Suppe 46
Schwarze Holundercreme mit Grieß 32
Schwarzer Holundersirup 31
Schwarzweißes Filet auf Rahmspinat mit
  Preiselbeeren 134
Schweinefilet mit Haselnüssen und
  Salbei 56
Selleriecreme 154
Senfkürbis mit Gartenkräutern 59
Stachys (Grundrezept) 136
Stachys-Pilz-Eintopf* 137
Stachysgratin* 137
Stachyssalat mit Trauben und Nüssen 136
Steinbuttfilets an Zwiebelsauce 140
Steinpilze, geschmort 19
Streichleberwurst 146
Sülze nach Großmutters Rezept 147
Süß-sauer eingelegte Preiselbeeren 42
Süß-saure Schlehen 45
Süße Kastanienkroketten 113
Süße Kürbismousse 155
Süße Schwarzdorn-Kürbis-Suppe 46
Trauben in Cognac 103
Traubengelee mit Minze 103

Traubentorte 102
Trockene Marinade 82
Verführerische Traubentorte 102
Verrückt gewürzte Kompottbirnen 93
Vogelbeer-Apfel-Sauce 29
Vogelbeer-Birnen-Gelee 29
Vogelbeergelee 28
Vogelbeerplätzchen 30
Vogelbeerschnaps 30
Wacholderlikör 38
Wacholdermelasse 38
Wacholderöl 38
Wacholdersirup 37
Wachteln in Weinblättern mit
  Weinbeeren 101
Walnuß-Grünkern-Suppe 105
Walnuß-Schokoladen-Torte 109
Walnußparfait 108
Walnußpudding mit Quittenkonfekt und
  Zimtsabayon 107
Weinbrandkastanien mit Vanille 117
Weißdorn-Birnen-Creme 51
Weißdorn-Birnen-Marmelade mit
  Rosinen 51
Weißdornsauce mit Holunder 51
Weiße Zwiebelsuppe 139
Weißweinfladenkuchen mit Zimt und
  Kakao 73
Wildente mit Linsen und grünen Nüssen 78
Wildhackbraten mit Pilzsauce 87
Wildsauce 83
Wildschweinbraten mit Kirschensauce 86
Winzers Lieblingscreme 102
Wirsingrisotto 88
Würziges Apfelmus mit Piment 92
Zwetschgen in Rotwein 12
Zwetschgenkaltschale mit süßem
  Eierstich 10
Zwetschgenknödel 11
Zwetschgenkonfitüre mit Nüssen 12
Zwetschgenmus, eingekocht 13
Zwetschgenparfait an Sanddornsauce 26
Zwetschgentorte 11
Zwiebelkuchen* 139
Zwiebelsuppe 139

In der Reihe
Oskar Marti – Ein Poet am Herd
sind außerdem erschienen:
WINTER IN DER KÜCHE
FRÜHLING IN DER KÜCHE
SOMMER IN DER KÜCHE